全国革命老区县发展史丛书·广东卷

汕头市龙湖区革命老区发展史

汕头市龙湖区革命老区发展史编委会　编

SPM 南方出版传媒·广东人民出版社
·广州·

图书在版编目（CIP）数据

汕头市龙湖区革命老区发展史／汕头市龙湖区革命老区发展史编委
会编. —广州：广东人民出版社，2021.5
（全国革命老区县发展史丛书·广东卷）
ISBN 978-7-218-14703-1

Ⅰ．①汕…　Ⅱ．①汕…　Ⅲ．①汕头－地方史　Ⅳ．①K296.53

中国版本图书馆 CIP 数据核字（2020）第 242655 号

SHANTOU SHI LONGHU QU GEMING LAOQU FAZHANSHI

汕头市龙湖区革命老区发展史

汕头市龙湖区革命老区发展史编委会　编　　　版权所有　翻印必究

出 版 人：肖风华

责任编辑：林　俏
责任校对：窦兵兵　帅梦娣
装帧设计：张力平等
责任技编：吴彦斌　周星奎

出版发行：广东人民出版社
地　　址：广州市海珠区新港西路 204 号 2 号楼（邮政编码：510300）
电　　话：（020）85716809（总编室）
传　　真：（020）85716872
网　　址：http://www.gdpph.com
印　　刷：广州市浩诚印刷有限公司
开　　本：715mm×995mm　1/16
印　　张：15　插　页：4　字　数：220 千
版　　次：2021 年 5 月第 1 版
印　　次：2021 年 5 月第 1 次印刷
定　　价：58.00 元

广东省编纂《革命老区县发展史》丛书
指导小组

组　　长：陈开枝（广东省老区建设促进会会长）

副组长：林华景（广东省老区建设促进会常务副会长）

　　　　宋宗约（广东省农业农村厅二级巡视员、广东省老
　　　　　　　区建设促进会副会长）

　　　　刘文炎（广东省老区建设促进会副会长）

　　　　郑木胜（广东省老区建设促进会副会长）

　　　　姚泽源（广东省老区建设促进会副会长兼秘书长）

　　　　谭世勋（广东省老区建设促进会副会长）

　　　　廖纪坤（广东省农业农村厅总经济师）

办公室

主　　任：姚泽源（兼）

副主任：韦　浩（广东省农业农村厅扶贫协作与老区建设处
　　　　　　　处长）

　　　　柯绍华（广东省老区建设促进会副秘书长）

　　　　伍依丽（广东省老区建设促进会副秘书长）

汕头市龙湖区革命老区发展史编委会

主　任：陈传新（龙湖区委、区政府）

副主任：陈泳双（龙湖区委、区政府）

　　　　赖亚奕（龙湖区老区建设促进会）

　　　　王维涛（龙湖区老区建设促进会）

成　员：王　玲（龙湖区委、区政府办公室）

　　　　曾少宁（龙湖区农业农村局）

　　　　沈宗炳（龙湖区农业农村局）

　　　　陈　峰（龙湖区农业农村局）

　　　　刘曼芬（龙湖区委党史研究室、区地方志办公室）

　　　　蔡垂政（龙湖区文化广电旅游体育局）

　　　　金　胜（龙湖区文学艺术界联合会）

　　　　林丽莉（龙祥街道党工委和办事处）

　　　　纪伟任（外砂街道党工委和办事处）

编辑部

主　编：谢初勤

副主编：张浦俊

编　务：林博妍　黄世冬　张泽芸　蔡晓珊　张佩贞

　　在举国欢庆新中国成立 70 周年前夕，中国老区建设促进会王健会长请我为《全国革命老区县发展史》丛书作序，作为一名在老区战斗过并得到老区人民生死相助的老兵，回首往事，心潮澎湃，感慨万千，深感义不容辞，欣然应允。

　　中国革命老区，是以毛泽东为代表的中国共产党人在领导人民推翻帝国主义、封建主义和官僚资本主义三座大山，争取民族独立和人民解放伟大斗争中建立的革命根据地，在这片红色的土地上，诞生了无数可歌可泣的革命英雄儿女，为后人树起了一座不朽的丰碑，她是新中国的摇篮，是党和军队的根。

　　在艰苦卓绝的战争年代，老区人民把自己的命运与中华民族的命运紧紧地联系在一起，与中国共产党和人民军队的命运紧紧地联系在一起，他们生死相依，患难与共。我曾亲历过战争年代，并得到过老区红哥红嫂的救助，切身感受到发生在身边的一幕幕撼天动地的革命故事，在那极其艰难的条件下，老区人民倾其所有、破家支前，不怕艰难困苦，不怕流血牺牲。"最后一碗米送去做军粮，最后一尺布送去做军装，最后一件老棉袄盖在担架上，最后一个亲骨肉送去上战场"，这是当时伟大的老区人民为建立新中国做出巨大牺牲的真实写照，它将永远镌刻在中国共产党、中国人民解放军、中华人民共和国的历史丰碑上。他们的光辉业绩永载史册，他们的革命精神必将影响一代又一代的革命新人，造就一代又一代的民族脊梁。

在社会主义革命和建设时期，革命老区和老区人民响应党的号召，面对落后的面貌、脆弱的经济、恶劣的生态环境，他们本色不变，精神不丢，自力更生，艰苦奋斗，干一行爱一行。始终坚持"革命理想高于天"，自觉做共产主义远大理想的坚定信仰者和忠实实践者，勇于向恶劣的自然环境和贫穷落后宣战，他们在各条战线上为国建功立业，用平凡的双手创造了一个又一个不平凡的奇迹，彰显了老区人的崇高精神和人格力量。

在改革开放的伟大进程中，老区人民解放思想，勇于创新，发奋图强，攻坚克难，老区的经济社会建设取得了辉煌成就。特别是在改变中国的面貌、中华民族的面貌、中国人民的面貌、中国共产党的面貌的伟大实践中发挥了至关重要的作用。老区人民既是改革开放的参与者，也是改革开放的推动者。

艰苦练意志，危难见精神。老区人民在近百年的革命战争、社会主义建设和改革开放的伟大实践中，孕育形成了伟大的老区精神：爱党信党、坚定不移的理想信念；舍生忘死、无私奉献的博大胸怀；不屈不挠、敢于胜利的英雄气概；自强不息、艰苦奋斗的顽强斗志；求真务实、开拓创新的科学态度；鱼水情深、生死相依的光荣传统。这是党和人民宝贵的精神财富、丰厚的政治资源，是凝心聚力、振奋民族精神的重要法宝，也是社会主义核心价值观的重要内容。

中国老区建设促进会怀着强烈的政治责任感和历史使命感，组织全国各地老促会人员克服困难，尽心竭力编纂《全国革命老区县发展史》丛书，记录老区的光辉历史和辉煌成就，传承红色基因，弘扬老区精神，是功在当代、利及千秋的一件大事。手捧这部丛书的部分书稿，读着书中的故事，倍感亲切，深感这部丛书具有资政、育人、存史的社会功能，有着重要的时代和历史价值。它是不忘初心、牢记使命的源头活水，是赞颂共产党、讴歌老区人民的一部精品力作，是弘扬老区精神、传承红色记忆的丰厚载体，是一项继承优秀传统文化、弘扬革命文化、发展社会主义先进文化，坚定"四个自信"的宏大文化工程。它必将成为一种文化品牌，为各界人士了解老区宣传老区支持老区提供一部有价值的研究史料。希望读者朋友们能从中了解并牢记这些为党和民族的利益不断奉献的老区人民，从中得到教益，汲取人生奋斗的精神动力。

新时代赋予新使命，新起点开启新征程。让我们更加紧密地团结在以习近平同志为核心的党中央周围，坚持以习近平新时代中国特色社会主义思想为指导，增强"四个意识"，坚定"四个自信"，做到"两个维护"，弘扬老区精神，铭记苦难辉煌。为实现"两个一百年"奋斗目标，实现中华民族伟大复兴的中国梦作出新的更大的贡献！

迟浩田

2019 年 4 月 11 日

2017 年 6 月，中国老区建设促进会组织全国各地老促会启动编纂《全国革命老区县发展史》丛书，按照"建立中国共产党、成立中华人民共和国、推进改革开放和中国特色社会主义事业"三大里程碑的历史脉络，系统书写革命老区百年历史，深入挖掘革命老区红色文化资源，这对于充实丰富中国革命史籍宝库、在新时代传承红色基因、弘扬革命精神、强固根本，对于激励人们在新的历史条件下夺取中国特色社会主义伟大胜利，实现中华民族伟大复兴的中国梦具有重要意义。

丛书编纂以习近平新时代中国特色社会主义思想为指导，以《中国共产党历史》《中国共产党的九十年》等重要文献为基本依据，以党的领导为核心，以老区人民为主体，以老区发展为主线，体现历史进程特征，突出时代发展特色，坚持辩证唯物主义和历史唯物主义相统一、历史真实性与内容可读性相统一的原则，书写革命老区从站起来、富起来到强起来的光辉革命史、不懈奋斗史、辉煌成就史，把老区人民的伟大贡献、伟大创造、伟大成就、伟大精神充分展示出来，形成一部具有厚重历史特征和鲜明时代特色的精品力作。这是一部培根铸魂、守正创新，既为历史立言，又为时代服务，字里行间流淌着红色血脉、催生着革命激情的传世之作。丛书的编纂出版将成为讴歌党讴歌人民讴歌时代、传播红色文化、为革命老区和老区人民树碑立传的重要载体。

　　丛书按照编年体与纪事本末体相结合、以编年体为主的编写体例确定框架结构；运用时经事纬、点面结合的方式记述史实；坚持人事结合、以事带人的原则处理人与事的关系；采取夹叙夹议、叙论结合以叙为主的方法展开内容。做到了史料与史论、历史与现实、政治与学术统一，文献性、学术性、知识性相兼容。

　　为编纂好《全国革命老区县发展史》丛书，打造红色文化品牌，中国老区建设促进会认真组织积极协调，提出政治立场鲜明、史料真实准确、思想论述深刻、历史维度厚重、时代特色突出、编写体例规范、篇目布局合理、审读把关严格、出版制作精良的编纂出版总要求，力求达到革命史籍精品的精神高度、思想深度、知识广度、语言力度，增强丛书的权威性和社会影响力。各省（区、市）、市（州、盟）、县（市、区、旗）老促会的同志，以强烈的使命感、责任感和紧迫感，勇于担当，积极作为，认真实施，组织由老促会成员、专家学者等参加的十余万人编纂队伍。编纂工作主体责任在县，省、市组织协调、有力指导、审读把关。各方面人员以高度负责的精神和科学严谨的态度，满腔热情地投入工作，为丛书编纂出版做出了重要贡献。丛书编纂工作还得到了党和国家有关部委、地方各级党委政府及有关部门的大力支持和积极参与，社会各界也给予了热情帮助。中共中央政治局原委员、中央军委原副主席、原国务委员兼国防部长迟浩田上将，对老区人民怀有深厚感情，对革命老区建设发展十分关注，欣然为《全国革命老区县发展史》丛书作总序。

　　丛书由总册和 1599 部分册（每个革命老区县编纂 1 部分册）组成，共 1600 册。鉴于丛书所记述的史实内容多、时间跨度长和编纂时间紧，不妥之处，敬请批评指正。

中国老区建设促进会

苏宁广场（陈扬供图）

龙湖总部经济产业园（陈扬供图）

大衙村一角（陈扬供图）

龙湖辖区航拍图（陈扬供图）

"一河两岸"（陈扬供图）

龙湖科创中心（陈扬供图）

汕头站（陈扬供图）

如龙革命树广场（陈扬供图）

大衙红色渡口（陈扬供图）

东溪村一角（陈扬供图）

新津河大桥（陈扬供图）

汕头市龙湖区政府前广场（陈扬供图）

外砂蓬沙书院（陈扬供图）

东海岸新城（陈扬供图）

微信扫描二维码
您立即开展本书的
延伸阅读。

目 录
contents

史者，镜也。

国人历来有以史为镜的说法，正所谓："前事不忘，后事之师。"史者，可以正衣冠、规言行、断决策、明是非，因此，史籍历来为国人所重视。革命老区发展史是一部展现近代革命运动中所发生的人与事的历史。龙湖是 1991 年成立的新区，辖区内有如龙（原名官埭尾村）、东溪、南社、大衙等老区村。位于龙祥街道的如龙社区为土地革命战争时期游击区，外砂街道①的大衙村、南社村、东溪村为解放战争时期游击根据地，这些革命老区在中国新民主主义革命时期，为中国人民的解放事业，付出了巨大牺牲，做出了重大贡献。新中国成立后，特别是党的十一届三中全会以后，在党和政府的领导和老区人民的努力下，老区的经济建设和各项事业有了较大发展，人民生活水平得到明显提升。

《汕头市龙湖区革命老区发展史》所记载的是龙湖老区人民在革命战争时期为革命事业，为国家和民族的独立解放抛头颅、洒热血的历史，他们在这片光荣的土地上谱写了一曲曲可歌可泣的动人篇章。新中国成立后，党和国家对老区群众的关怀和爱护，各级政府、各部门带领老区人民艰苦创业、追求富裕幸福新生活，

---

① 外砂街道，原外砂镇。2019 年 3 月外砂镇撤镇设街，设为外砂街道。

这种"反哺互爱"的鱼水之情，便是新时代中国人民所追求的社会主义核心价值观的内在体现。

本书收录编纂的事迹始自1919年的五四运动，至党的十九大召开之后的2019年，它全面、翔实、客观地反映了龙湖人民（特别是革命老区人民）在党的正确领导下，开展一系列艰苦卓绝的敌后斗争，以及在改革开放后奋发图强，结合国家的富民政策，充分发挥自身的红色基因，运用自己的聪明才智，为本区的经济发展、社会繁荣做出的重大贡献。

进入新时代，党中央各级领导对老区的建设和老区人民的生活倍加关怀。传承红色基因，发扬革命传统，革命老区的发展离不开党和国家的关怀，离不开政府的扶持和引导，更离不开老区人民继续发扬艰苦创业、敢为人先的革命传统精神。

习近平总书记多次强调，革命老区为中国革命作出了重大贡献，付出了巨大牺牲。这种贡献、这种牺牲要永远铭记，我们传承红色基因，就是不能忘本。要着力推动老区加快发展，决不能让老区群众在全面建成小康社会进程中掉队。要让老区人民同全国人民共享全面建成小康社会的成果，这是我们党的历史责任。

习近平总书记曾指出，革命老区是党和人民军队的根，我们永远不能忘记自己是从哪里走来的，永远都要从革命的历史中汲取智慧和力量。要把理想信念的火种、红色传统的基因一代代传下去，让革命事业薪火相传、血脉永续，永远保持老红军本色。

今天，我们生活在政治公正、法治公平、经济繁荣、文化昌盛、科技发达的社会中，更不能忘记那些为革命信仰和国家新生而抛头颅、洒热血的先驱英烈，更要结合新的时代要求，坚持追求理想、实事求是、艰苦奋斗的革命精神，让革命老区所焕发出来的精神与斗志为我们实现中国梦提供强大的精神动力。我们编纂革命老区发展史的宗旨，就是存史、资政、育人。

基于以上认识，我区高度重视本史书的编纂工作，成立以中共龙湖区委副书记为主任，区人民政府副区长、区建设促进会正副会长为副主任的编委会，负责对《汕头市龙湖区革命老区发展史》的编纂工作。鉴于汕头市老城区没有革命老区村，龙湖区的老区村是行政区划调整后，从澄海划入来的，潮汕革命运动和斗争又与汕头市有诸多关联。因此，本书在编写过程中，对于汕头市区一些有重大影响的事件进行了简要的收录，目的是使史册真实、完整地反映我区的革命斗争历史。

美好的生活是靠艰苦奋斗创造出来的。总结历史经验，是为了更好地发扬革命精神和优良作风。中华民族从站起来、富起来到强起来，创造了诸多奇迹。我们通过编纂革命老区发展史，就是要进一步动员龙湖人民"不忘初心，牢记使命"，以红色传统作为我们现代化各项建设的源动力和指南针，在党和政府的领导下，凝心聚力为建设更加富裕、文明的美丽家园而努力奋斗！

汕头市龙湖区革命老区发展史编委会

2019 年 10 月

1

第一章

区域和革命老区概况

第一节 **区域基本概况**

一、区域概况

龙湖区位于韩江三角洲的南端,汕头市的中心城区东北部,北纬23°19′—23°28′,东经116°41′—116°49′之间,北回归线穿过龙湖区鸥汀街道、外砂街道。西南与濠江区隔海相望,西与金平区接壤,西北与潮州市潮安区交界,东北隔外砂河与澄海区毗邻,东南濒临南海。

区辖7个街道(珠池街道、金霞街道、新津街道、龙祥街道、鸥汀街道、外砂街道(原外砂镇)、新溪街道(新溪镇),区域面积124.69平方千米(含东海岸新城填海造地)。

2019年末,龙湖区户籍人口456982人,比2017年末增加14992人,增幅3%。已婚育龄妇女约8万人,占总人口比重为18%。户籍人口出生人数6742人,比上年同期增加1205人,出生率14.86‰;自然增长人数4687人,比上年同期增加1167人,自然增长率为10.33‰。

龙湖地区古时先后由揭阳县和澄海县管辖。居民由早期的中原移民和讲闽南话的福建人迁入而构成,从而形成独特的地方方言,即汕头口音的潮汕话,它与潮安口音、潮阳口音、普宁口音、海陆丰口音的潮汕话在音韵上则没有太明显的差别。潮汕话属于闽南语系的一个分支,与现代汉语有较大的差异。它保留着唐、宋的古汉语语音、声调、词汇及语法特点。语言学者认为它是至今尚存的、罕见的古汉语"活化石"。

龙湖区以韩江下游三角洲冲积平原为主要地貌，妈屿岛是龙湖区唯一的海岛地貌。平原地貌环岛海拔1—3米，地形上自西北向东南倾斜，妈屿岛上的鸾山海拔为39米。韩江下游支流的外砂河、新津河、梅溪河以及榕江都流经龙湖区。境内还有龙湖沟、三脚关沟等排水沟。龙湖区南面为汕头港区，东南面为辽阔的大海，汕头海湾内珠池港是汕头港深水港区之一。

龙湖区属于亚热带季风气候，阳光充足，热量丰富，雨水充沛，夏长冬暖，无霜期长，降水量多集中在夏季，四季天气变化不明显。春季潮湿，阴雨天较多；初夏气温回升，虽有高温但少酷暑，伴有雷阵雨和暴雨，常遭遇热带风暴和台风的袭击；秋季清爽干燥，天气晴朗但气温降低；冬季降温明显，虽没有严寒，但有短期阴冷，偶尔会结霜。冬季常吹偏北风，夏季常吹偏南风或东南风，呈现出明显的季风气候特征。

1981年，国务院批准在汕头龙湖1.6平方千米范围内建立汕头经济特区；1991年，汕头经济特区区域扩大到汕头市区，同年组建成立龙湖区，区域面积46.33平方千米；2003年，汕头行政区划作出调整，外砂、新溪两镇从澄海区划归龙湖区管辖。

龙湖位于北回归线与南海交汇处，属亚热带季风气候，冬无严寒，夏无酷暑，年平均气温21.3°C，是最适宜人类居住的区域之一。但龙湖区容易遭受下列灾害天气：春旱和秋旱；持续多日的春寒阴雨天气；夏、秋两季的台风袭击以及可能随之而来的海啸。环保责任考核和总量减排考核2006—2010年连续4年在全市排名第一，率先启动国家生态文明建设示范区创建工作，创建市级生态示范村18个、省级生态示范村1个。

龙湖区是汕头建设海湾新区、华侨经济文化合作试验区的核心区、粤东核心商圈。2006—2011 年，全区 GDP 年均增长 10.3%，人均 GDP 在 2012 年率先达到全国平均水平，2012—2016 年连续 4 年在全市振兴发展考核中排名第一。2019 年全区 GDP 实现 387 亿元，同比增长 11.1%。

龙湖区打造法治化国际化便利化营商环境，办事时限、办事成本、市场主体培育等评价指标居全市前列，开办企业审批时限压缩至 7.5 天。实施《扶持总部经济发展优惠办法》《关于促进楼宇经济发展的若干措施》等扶持政策，形成龙湖"惠企政策 50 条"。

辖区内有广梅汕铁路、厦深高铁联络线，深汕、汕汾、汕揭梅高速公路，规划建设中的城市轨道交通和火车站综合枢纽等重大交通基础设施，是全市交通网络最为密集的城区。

2019 年龙湖区三大产业比例为 1.5∶38.8∶59.7。拥有国家级输配电设备产业基地，超百亿产业集群 2 个（医药健康及装备制造、输配电设备）。高新技术企业达 128 家。商业综合体、金融、会展、证券、酒店业聚集，限上批零住餐销售额占全市销售总额近一半。全区规上企业 244 家，限上企业 393 家，规上、限上企业总数位居全市第一，上市企业 17 家，其中主板上市 8 家。

龙湖区占汕头面积约 1/20，人口占全市 1/10，全区 GDP 从 2012 年的 209 亿元增长到 2019 年的 522.6 亿元，年均增长 14%。2012 年人均 GDP 达 3.9 万元，率先达到全国平均水平，2019 年达 9 万元，高于全国、全市平均水平，与全省平均水平接近。一般公共预算收入从 2012 年的 9.24 亿元增长到 2019 年的 17 亿元，年均增长 11.6%，国地税总收入从 2012 年的 49.09 亿元增长到 2019 年的 87.8 亿元，年均增长 12.1%，占市税收比重从 19.4%增长至 31.4%。连续多年在全市振兴发展考核中排名第一。

龙湖区民生、社会事业走在粤东前列，在粤东率先成功创建

"广东省推进教育现代化先进区"，先后获得全国义务教育发展基本均衡区、全国文化先进区、全国民政工作先进单位、全国科技进步考核先进区、全国科普示范区、全国平安铁路示范区、全国人口和计划生育先进集体等荣誉称号。

2019年，龙湖区少数民族有回族、满族、蒙古族等17个，常住少数民族人口近1000人，大多数是因工作和婚姻关系迁入该地。经政府宗教事务部门审批登记的宗教活动场所共24处，其中由市民宗局登记发证的宗教活动场所6处（天主教场所2处，其中教堂1处，临时聚会点1处；基督教场所3处，其中教堂1处，临时聚会点2处；佛教念佛堂1处）；由区民宗局登记发证的宗教活动场所18处（其中佛教寺庵场所3处，佛堂精舍场所12处，基督教场所2处，道教场所1处）；宗教教职人员35人。据不完全统计，目前龙湖区有各种宗教信徒8000人，其中佛教僧人50人，皈依信徒4500人；天主教信徒300人；基督教教职人员2人，堂务组成员14人，信徒750人，慕道友2000人。

龙湖区是侨乡。龙湖籍的海外华侨华人主要分布在东南亚一带。由于年代久远和现实的政治经济原因，华侨华人中的不少年轻人淡化同祖居地的联系，而那些同家乡有联系的早期（或第一代）华侨华人正在逐年减少。近年来，随着老市区居民中的侨属侨眷大量搬迁到龙湖区居住，龙湖籍的海外侨胞的人数及其居住国的数量急剧增加。

汕头经济特区设立初始，龙湖籍海外侨胞利用身居海外的人脉及门路广、信息灵通等有利条件，牵线搭桥，引进"三来一补"业务（来料加工、来件加工、来样加工、补偿贸易），在汕头经济特区的建设过程中，帮助引进大量建设资金，同时开展公益活动，为祖居地的繁荣发展作出贡献。海外侨胞中的泰国华侨谢易初是龙湖区外砂镇街道中村人，第二次世界大战后，其子谢

妈屿社区（陈扬供图）

国民、谢正民用现代化经营理念，把谢易初创办的种子公司发展成名列世界 500 强的跨国公司。汕头经济特区创立之初，谢国民率先回乡投资，领取全国第一张外商独资企业营业执照。

二、建制与历史沿革

龙湖自古以来，先后为南海郡、古揭阳县、义安郡、海阳县、潮州府、澄海县、汕头市和汕头经济特区等机构直接管辖、共同管辖或交叉管辖。1975 年 12 月 26 日，汕头市革委会决定并经汕头地区革委会批准：将汕头市在郊区的青年农场、工交农场、五七大队和下蓬公社的内充公、外充公、陈厝合大队与金砂公社的广兴、龙湖、龙眼大队合并成立五七人民公社。1980 年 9 月，经省政府批准，五七人民公社更名为珠池人民公社，归汕头市郊区管辖。龙湖区开始出现区域雏形。

1980 年，经中共中央、国务院批准，同意汕头设立经济特区。是年 7 月 12—14 日确定在汕头市区东部龙湖村西北侧设立汕头经济特区，面积1.6平方千米。此外，还有港口预留区1.7平方千米、农业发展区19.3平方千米。8月29日，成立广东省经济特区管理委员会汕头市办事处，负责管理协调汕头经济特区的选址、勘探、规划和发展等工作。办事处设于汕头市迎春路外贸大楼。

1981年11月14日，汕头市人民政府根据中共中央、国务院批转《广东、福建两省和经济特区工作会议纪要》的通知精神，宣布"汕头经济特区"成立，隶属汕头市委、市政府领导。

1985年7月28日，广东省委、省政府办公厅联合发文，批复汕头特区领导体制问题。同意汕头经济特区党委、管委按低于汕头市委、汕头市人民政府半级的规格设置及行使职权，并参加广东省委、省政府的相应会议。

1985年11月20日，汕头市郊区将珠池区公所的机构、人员连同行政组织和人事关系移交给汕头经济特区，行政上仍属郊区管理。

1986年3月，汕头特区龙湖行政管理局成立，管辖6个村居办事处（龙湖、广兴、内充公、外充公、陈厝合、辛厝寮）和2个居民办事处（珠池、妈屿岛）。

1986年10月31日，根据国务院《关于调整汕头经济特区区域范围问题的批复》和汕头市人民政府《关于汕头经济特区龙湖片交接工作中有关问题处理的通知》精神，汕头市郊区人民政府将原珠池区公所所属的陈厝合、辛厝寮、龙湖、广兴、内充公、外充公共6个村居划入汕头经济特区龙湖加工区，并将周厝塭、夏桂埔2个乡划入下蓬区管辖。

1991年9月14日，中华人民共和国国务院批准，同意将汕头市的安平、同平、公园、金砂、达濠和郊区6个市辖区及原汕头经济特区的龙湖、广澳2个片区调整为龙湖、金园、升平、达濠 4 个市辖区（县级）。调整后的龙湖区以原汕头经济特区龙湖片区为主体，划入原郊区的下蓬镇、珠池街道和原金砂区部分区域。区人民政府驻鮀江路。

2001 年 12 月 18 日，汕头市政府批准，龙湖区将原龙湖、金霞 2 个街道合并为金霞街道，原龙津、龙祥 2 个街道合并为龙祥街道，其他不变。

2003 年 1 月 29 日，国务院同意将原澄海市的外砂、新溪 2 个镇，汕头高新技术产业开发区东片原属金园区范围的部分区域（即东起天山北路，西至华山北路，南起汕头经济特区北界线，北至科技北三街向南转向科技西路再转向科技北二街）划归龙湖区管辖。调整后的龙湖区辖珠池、金霞、新津、龙祥、鸥汀 5 个街道和外砂、新溪 2 个镇，全区有 109 个村（居）委会，其中村 32 个，社区 77 个。

三、自然环境与自然资源

龙湖区属于韩江三角洲的海岸沙垄潟湖堆积平原区，南西段即西溪三角洲平原。

地面为第四纪海陆交互相沉积物所覆盖，平均厚度为 50—70 米。其中，外砂街道和新溪镇大部分地方的第四纪沉积层，厚度在 100 米以上。从陆到海，自西北向东南由 5 条沙垄带和 4 条潟湖带构成，均呈北东—南西走向，沙垄被改造为旱园，潟湖被改造为池塘和水田耕作区。土质主要为浅黄色、淡灰色细砂，黄褐色黏土，黑色淤泥，贝壳碎等组成。

在第四纪沉积层下，50—100 米深处埋藏的花岗岩风化壳，厚度自西南向东北增厚，珠池、新溪和下蓬在 20 米以下，外砂在 25 米以上。

基底岩层主要是燕山晚期的侵入岩，即侏罗纪晚期和白垩纪早期的花岗岩，由角闪花岗岩、闪长岩、花岗闪长岩组成。

妈屿岛是龙湖区唯一的海岛，它属于岩石山—瞭望山丘陵延伸到海底的一部分。其岩层主要为中生代燕山二期中粗粒黑云母花岗岩组成。岛上的牡丹石是由燕山五期细粒花岗岩组成，在花岗岩的多组节理面上有硅质岩析出。牡丹石普遍受硅化变质形成硅质花岗岩，使岩层更加坚硬，屹立在妈屿岛东面的海滩上。

龙湖地域位于新华夏构造带的第二复式隆起带之南东侧与南岭东西向复杂构造带南部东段的交接地带，境内广泛发育新华夏构造，以北东向、北北东向规模巨大的压扭性断裂为主体，与区域北西向张裂扭性断裂构造互为配套，形成了"多"字形网格状规律，控制地质地貌的分布。

汕头市龙湖区境内分布着一系列与海岸平行的沙垅和潟湖平原，是由于韩江入海的泥沙在常盛行的北东—东风和东南方向的海浪的长期作用下，将泥沙横向推移到岸边沉积下来而形成的，大都呈北东—南西走向，沙垅代表着各个历史时期原来的海岸线。由于韩江三角洲不断向海洋延伸，有的沙垅已离现今的海岸线在10千米以上。沙垅一般高程为6—10米，地势较高，不受海潮和洪水的侵蚀。自唐宋以来，潮汕先民就在这海岸沙垅潟湖堆积平原区居住，从事狩猎、捕鱼、晒盐等生产活动，许多居民在沙垅上建立村落。汕头经济特区龙湖片区就是下蓬至龙眼、龙湖一带的古沙垅辐聚区域。

（一）水资源

流经汕头市龙湖区境域的河流是韩江支流西溪，其中西溪在鳌头洲以下，又分为3条支流：东为外砂河，流经龙湖区和澄海区交界处，经外砂桥闸南流入海，长11千米。中间的叫新津河，流经龙湖区的外砂、鸥汀、龙祥、新溪、新津、珠池等地，经新津河口入海，长约15.6千米。西称梅溪河，流经龙湖区和金平区交界的鸥汀和岐山，穿越梅溪桥闸，流经杏花桥下的乌桥岛和中山公园再分两道，一过解放桥、光华大桥入汕头港出海；一过洄澜桥、乌桥这条人工开凿的水道流进汕头港出海，长约 13.9 千米。梅溪河是韩江下游航运的主干线，在梅溪地段的鸥汀龙尾（龙美），又分出一条小河（由水闸控制），长约 6.6 千米，名为红莲池河，流经金平区的月浦村出西港入海。

韩江支流西溪的水文特征：径流量丰富，但时间分配不均。而韩江流域地表径流总量主要由降水量的多少而产生。年降水量与年径流量成正比。据潮州水文站资料，多年平均径流量为 253 亿立方米，最大年（1983 年）径流量 478 亿立方米，最小年（1963 年）径流量 112 亿立方米。据 1951—1985 年实测，年平均流量 801 立方米/秒，最大年（1983 年）平均流量 1510 立方米/秒，最小年（1963 年）平均流量 355 立方米/秒。实测最大流量（1960 年）13300 立方米/秒，实测最小流量（1963 年）33 立方米/秒。实测 1951—1985 年，三十五年枯水期平均流量 149 立方米/秒。韩江每年汛期一般为 4—9 月，最高峰出现在 6 月。固体径流集中在汛期：韩江 1955—1979 年平均含沙量为 0.304 千克/立方米。汛期（4—9 月）平均含沙量为 0.304 千克/立方米，枯水期（10 月至次年 3 月）为 0.080 千克/立方米，最大日平均含沙量可达 4.75 千克/立方米（1981 年 7 月 1 日），含沙量最大月份为 5 月，它属一年间初遇暴雨冲刷，故带泥沙最多。韩江在潮州河段年平均输沙量为 765 万吨，年最大输沙量曾达 1330 万吨，而年最少输沙量为 319 万吨。韩江固体径流的冲积，使潮州城郊的西溪至梅溪河口，平均每年淤高 0.039 米。在长达 27 千米的河道，河床高于地面的占 74.1%，多沙洲。如江东围、鳌头洲、西溪（外砂河和新津河）河段的外砂桥闸沙洲、下埔桥闸沙洲、南畔洲（金叶岛）等。

（二）矿产资源

汕头市龙湖区位于韩江三角洲的海岸沙垄潟湖堆积平原区的西溪三角洲上，地面为第四纪海陆交互相沉积物所覆盖，沉积层厚约50—70米。沙垄和潟湖平原大多数为中细砂、细砂等物质组成。其中有第四纪沉积矿产（砂矿）分布。有河流冲积洪积型和海相成因的滨岸砂堤、砂坝和海滩型两类。矿种有砂金、砂锡、铌、钽、钛铁矿、云母、独居石、锆石、玻璃砂等。此外，还有黏土、腐殖质淤泥及蚝壳层等。

地质矿产普查资料表明：新溪镇的四围村南至直距1.2千米的沙滩中含有辰砂、黄金、钛铁矿、锆石，产于晚期三角洲的中细砂与现期海相沉积物的中细砂和不等粒砂中。澄海区坝头镇南、北港至莱芜岛有钛铁矿及锆石，分布于第四系晚期及晚期三角洲沉积物中。

（三）海洋资源

龙湖区面临浩瀚南海，地处汕头湾内外交界处，海域是粤东渔场的部分海岸线，长达28.5千米。有南港、妈屿岛、汕头港等天然渔村和渔港，水深在5米以内的待狎金浅滩和珠池肚围垦区大堤外的浅滩涂面积广阔。境内有韩江支流外砂河、新津河和梅溪河等入海淡水注入，水质肥沃，浮游生物丰富，成为鱼虾（贝壳类）繁殖、栖息场所。汕头海域的潮汐属于不规则半日潮，日照充足，水温较高、温差小，但春冬、春季阴冷多强风，夏秋季多台风，直接影响渔业生产。

主要经济鱼类100多种。主要有海鳗、龙头鱼（殿鱼）、大眼鲷（红目鲢）、石斑、马鲛、蓝圆鲹（巴浪）、金色小沙丁（姑鱼）、黄花鱼（金龙鱼）、金线鱼（钓鲤）、带鱼、乌鲳、绒纹单角鲀（迪仔鱼）、蛇鲻（那哥）、脂眼鲱（乾鱼）等；头足类有长枪乌贼（鱿鱼）、章鱼、乌贼（墨鱼）；贝壳类有杂色鲍、牡蛎、泥蚶、寻氏肌蛤（薄壳）、红肉蓝蛤、文哈蛏、江瑶等；藻类有紫菜、海带、江蓠、石花等；甲壳类有对虾、龙虾、锯缘青蟹（膏蟹）、梭子蟹（蛴）；还有海参、海马、海龙、海蜇、海胆、海龟、响螺等。

（四）旅游资源

龙湖区境内的旅游资源丰富，但呈现分散、点多面小等特点，一般须同区外的旅游资源组合起来，才能构成优秀旅游线路。已确认的旅游资源有 10 多处，大体可归为海、岛、潮、侨、庙、塔、史等几类。鸥汀腾辉塔曾被《潮州府志》（清乾隆版）收录，1988 年被列为汕头市文物保护单位。2012 年广东省人民政府公示为省级第七批文物保护单位。证果寺有六七百年历史，并经明朝皇家敕建，香火兴旺；妈屿岛上有妈祖庙、原洋海关、潮州新关和洋教堂等遗址。此外，还有海湾大桥、华侨公园、林百欣会展中心、时代广场、迎宾广场及一批分散在区域内的红色革命遗址和各类主题特色公园等。

（五）特色物产

传统的特色物产主要有鸥汀剪刀、外砂织草席等。现存的传统物产有旦家园竹笋、外砂菜籽、新溪狮头鹅。珠池、新津、外砂、新溪等地生产建筑用的烧熟贝灰、砂等。新的特色物产有新溪淡水养殖珍珠，外砂的蓬盛牌、玉蕾牌橄榄菜等。

第二节

革命老区概况

一、评划革命老区的标准与过程

评划"革命老区"有严格的标准，广东省人民委员会于1957年4月17日发布的《关于评划革命根据地标准的通知》和广东省民政厅于1991年10月21日发布的《印发〈关于开展评划解放战争游击根据地和确定老区乡镇、老区县工作方案〉的通知》中都明确规定：曾经有党的组织，有革命武装，发动了群众，进行了打土豪、分田地、分粮食牲畜等运动，主要是建立了工农政权并进行了武装斗争，坚持半年以上时间的。

中华人民共和国成立后，广东省根据党中央、国务院有关的政策，并结合广东省的实际，基本以自然村为单位，进行了三次全省性的评划革命老区工作。

第一次是1957年，评划第二次国内革命战争和抗日战争时期的老区村庄。第二次是1989年，评划、补划评划抗日战争时期的老区村。第三次是1993年补划。

二、四个革命老区（村）基本情况

龙湖区内有革命老区（村）4个，分别为龙祥街道如龙社区

（官埭尾村），外砂镇①东溪村、南社村和大衙村。其中如龙社区（官埭尾村）为土地革命战争时期的老区（村）。东溪、南社、大衙3个村为解放战争时期的老区（村）。

（一）龙祥街道如龙社区

龙湖区官埭尾村（今如龙社区）于1953年1月被澄海县人民政府评为澄海革命老根据地。

龙祥街道地处汕头市区东北部，属龙湖区所辖。街道成立于1996年12月，东起新津河，西至乐山路，北起汕樟路，南至黄河路。辖区总面积9.66平方千米，总人口约6.5万人，其中常住人口约3万人，外来移动人口约3.5万人。下辖泰龙、如龙、洋滨、新兴、周厝塭、夏桂埔6个涉农社区，包括纪厝葛南、纪厝葛北、陈厝葛、新厝葛、周厝塭、林周塭、合仔寮、洪沟、海香埠、塘堀墘、夏桂埔、李厝塭墘、坑田墘等15个自然村。设泰龙、如龙、洋滨、新兴、周厝塭、夏桂埔6个经联社。辖区内有龙盛、龙新、春源等10多个工业园区。

如龙社区位于汕头市龙湖区龙祥街道，位于龙湖区东北部，汕头机场路北侧。如龙社区前身是著名的革命老区（村）——官埭尾村。早在20世纪30年代，这里就涌现出大批革命志士，如纪岳贞、纪喜龙、林大光、纪力伍、纪经其、纪经如等，他们为党的革命事业抛头颅、洒热血，立下了汗马功劳。官埭尾村是汕头市区唯一的革命老区（村）。

官埭尾村原是一个纯农业的乡村，地处新津河畔靠近下游出海口的沙滩地带，水田少，沙垅多，历来农民以靠种植地瓜和蔬菜等旱园经济作物为主，是出了名的缺粮村，长期吃政府的"返

---

① 本节资料对外砂采集时间为2018年底，当时外砂尚未分析出两个街道，因此仍称为"外砂镇"。

销粮"。过去由于交通不便，信息闭塞，经济落后，群众生活条件和居住环境较差，居住房屋全是草寮屋或老旧的瓦木结构房屋。改革开放以来，如龙党支部、社区带领群众在搞好农业生产的同时，积极从事第二、第三产业，逐步走上共同富裕的道路。特别是随着汕头经济特区建设的东移及辐射，如龙的集体经济和个体经济得到长足的发展。仅 2000 年，社区就招引外商企业 10 多家，厂房占地面积达 25.1 万平方米，每年租金纯收入就近百万元。2010 年达到 6840 万元，与上年相比年递增 5%；全民人均纯收入比 2009 年递增 5%，达到 7150 元；集体经济总收入达到 357 万元。区域内于 1997 年建设如龙工业园，初期建设厂房两幢，每幢 4100 平方米，总投资 600 多万元，为社区发展经济积蓄了强劲的后备力量。

官埭尾村界碑（陈扬供图）

（二）外砂镇东溪村

外砂镇东溪村于 1993 年被澄海县人民政府认定为解放战争时期游击根据地革命老区（村）。

东溪村，位于外砂镇西北部，东接金洲村，南连南社村，西靠富砂村，北倚外砂河，与澄海区华窖村隔江相望。全村面积约为 1.5 平方千米，历史上以农业种植为主。改革开放后，村民多从事抽纱、服装、刺绣等手工业。2019 年拥有毛织服装、塑料玩具、抽纱绣花企业近百家。

东溪村是远近闻名的侨乡之一，2019 年旅外华侨和港澳台同胞超过 2800 人。清嘉庆年间，村民王邦英、王菊溪兄弟创办洋船队，从事航运贸易，带动了东溪的发展。清中叶至民国期间，东溪成为知名的侨乡、富乡，号称"金东溪"，催生了观察第、大夫第、中议第、外翰第等一大批豪宅，并拥有大量的书斋群落。

较为有名的革命人物有王君实、王振绪等。

东溪村航拍图（陈扬供图）

（三）外砂镇南社村

外砂镇南社村在 1993 年被澄海县人民政府确认为解放战争时期游击根据地革命老区（村）。

南社村位于外砂镇北面，迎宾北路中段，与大衙、凤窖、东溪、富砂等村接壤。

南社村历来以农耕为主，种植水稻、地瓜、蔬菜，以及从事禽类养殖。1980 年前后，种植油菜成为该村的重要经济收入，时任广东省委第一书记习仲勋视察南社油菜田时大加赞赏，后在汕头地区推广南社种植经验。改革开放之后，南社村先后涌现出玉蕾食品等 30 多家食品加工企业，生产橄榄菜、贡菜、酸菜等潮式风味菜，销往国内大中城市及东南亚一带，年创收超过 8000 万元。南社因此被评为汕头市食品加工专业村，玉蕾牌橄榄菜成为国家地理标志产品。2008 年成立南隆养猪专业合作社，拥有养猪专业户 50 多户，年出栏生猪超过 1 万头。

南社村航拍图（陈扬供图）

作为革命老区（村），南社曾涌现出澄海县第一批中共党员王金满，曾领导二五减租运动，是澄海县著名"风筝案"四烈士之一；魏兆梁，1926年加入中国共产党，领导二五减租运动，中华人民共和国成立初期任广东侨联主席。

（四）外砂镇大衙村

外砂镇大衙村在1993年被澄海县人民政府确认为解放战争时期游击根据地革命老区（村）。

大衙村位于外砂镇西北部，东隔外砂河，南与富砂、南社两村接壤，西隔新津河与鸥汀街道旦家园相望，西面隔梅溪河与潮安县相邻，北靠韩江西溪，河道纵横，绿树成荫，因此，大衙村历史上有"绿色半岛"之称，系古驿道沿途村落。

大衙村航拍图（陈扬供图）

大衙村有种植玉米的传统，是蔬菜种植专业村。1960年开始成为汕头市"蔬菜生产基地"，有瓜、茄、豆等各种时蔬，洲园种植有香蕉、番石榴、芒果、杨桃、龙眼等水果。改革开放后，大衙村逐渐走上以工业为主、农业为辅的发展道路。2019年，大衙村个体工业企业厂家有150多家，加工作坊近150家，加工作坊主要以电脑毛织加工为主。

1985年，大衙村被评为"广东省文明村"。

大衙村中现存革命遗址有大衙红色渡口、中共地下联络点的"天盛第"①、大衙地下民兵活动场所等。

三、革命老区发展变化的亮点

龙湖区历届区委、区政府在谋划全区发展战略大局中，对区域内各老区（村）采取大力扶持与重点帮扶相结合的方式，加快老区村的建设发展步伐，特别是党的十八大以后，区委、区政府围绕上级提出的全面建设小康社会的各项目标，贯彻中央"精准脱贫""乡村振兴"的战略决策，将各老区（村）的建设作为重点项目来抓。各老区（村）也根据自身实际情况，认真领会贯彻市、区各级关于振兴发展革命老区村的决策，发挥了新时代革命老区的率先模范作用。革命老区（村）主要发展变化的亮点有：

（一）如龙社区（官埭尾村）

如龙社区（官埭尾村）南面有机场路官埭 220 万伏变电站，西南临嵩山路，东面有铁路、泰山路穿越而过，北面有市第三自来水厂、燃机电厂和火车货运部，地理位置优越。如龙社区充分利用自身优势，大胆构思，在大力做好招商引资的同时，对村居建设也作出了明晰的规划。至 2010 年，社区人均住宅面积达到 61 平方米，并形成以住宅区为主体，同时配套学校、医院、幼儿园和生活市场，极大方便外来投资客户和该区域内居民的各种生活需求。

2016 年，如龙社区借助汕头市创建文明城市、改善人居环境的契机，在上级部门的大力支持下，社区制定相关的实施措施，将辖区内的违章建筑进行清理拆除，收回集体土地 4.67 公顷，在龙祥街道"三资"交易中进行竞拍招租，增加集体收入。

---

① 又作"添盛第"。

在精神文明建设方面，社区每年均从集体收入中拨出 10% 的资金用于精神文明建设，重点是办好社区福利事业，总投资约 300 万元，使如龙成为文明富裕、幸福和谐的新社区。

2019 年组织建设如龙革命树广场，计划打造成龙湖区新的爱国主义传统教育基地。

（二）外砂镇东溪村、南社村、大衙村

外砂旧时为古蓬洲都属地，早在北宋末期，外砂开始出现村落。1926 年，随着中国革命形势的变化，这里又诞生了一批为新中国革命事业前赴后继的志士和英雄。如外砂南社的王金满、魏兆梁等人便成为澄海首批中共党员，奉命在外砂组织农会，发展党员，使外砂迅速成为革命的热土。20 世纪 30 年代，林美南、王亚夫等人先后利用蓬沙书院、竞智小学等地方以教书为掩护，传播革命思想，引导进步青年蔡子明、李克干、蔡秋林等走上革命道路。在关系到民族存亡的抗日战争中，外砂金洲华侨郑文道、林厝侨胞王耀华等不惜毁家纾难，为民族解放共赴大义，奉献了一片爱国爱乡的赤子之心。

外砂镇位于两条城市河流新津河与外砂河围合的三角区域，是连接中心城区与澄海区的重要地带，2003 年总面积 29.35 平方千米，共辖 17 个村，常住人口 88614 人，农业人口 73970 人，海外侨胞 5 万余人。南部为在建的东海岸新城，东部为澄海城区，西部为龙湖区核心区域，外砂处于三大片区经济发展核心辐射范围内，也是汕头中心城区的"东门户"，对于中心城区、澄海区、东海岸新城的联动发展具有极大的区位优势。距离汕头城市中心区 12 千米，G324 国道（汕汾路）横穿片区，沈海高速与汕昆高速在区内实现互通，并在外砂设有出入口，可在半小时内直达粤东交通枢纽机场、高铁站，具有优越的交通区位优势。

2001 年被列为"广东省中心镇"，2004 年被中华全国工商业

联合会纺织服装业商会授予"中华毛衫名镇"，2003年被认定为广东省潮式工艺毛织服装专业镇技术创新试点，是全国婚育新风进万家先进集体，也是广东省区域性禽畜种鹅核心群基地、种鹅孵化中心和种鹅示范点。潮汕橄榄菜制作技艺、草竹编织技艺（外砂织席技艺）被列入广东省第六批省级非物质文化遗产代表性项目名录，南社村的玉蕾牌潮汕橄榄菜、潮汕贡菜入选《中国地理标志保护产品大典》。外砂镇主要工业行业为毛织服装、食品加工和玩具礼品，是一座"以工业为主体，工农贸协调发展"的汕头市卫星城镇。

党的十八大以后，外砂街道大力发展特色经济，扶持设立了龙湖区潮织商会、龙头村电子商务协会等行业平台，促进毛织产业与电子商务的有机融合，有效拓宽产业销售渠道，提高市场竞争力。截至2019年全镇有电子商务公司11家，利用互联网销售产品的市场主体达258户，仓储物流企业16家。同时依托已落户的大树、万基两大玩具贸易公司，推动全镇整个玩具产业的发展，提高玩具企业的规模和档次，进一步提升玩具产业所占工业经济的比重。发挥农业种植优势，深化校企合作，大力发展特色品种狮头鹅养殖，滨裕养殖有限公司成为家禽养殖龙头企业。培植农民专业合作社，富新兰花种养农民专业合作社被评为全国首批林业专业合作社示范社。

经济社会稳步发展，毛织、食品加工等特色产业的基础设施齐全，产业链完整，产业带动作用较为明显。毛织、食品加工是传统优势产业。2015年登记的毛织企业424户，从业人员多达4.5万人。2015年外砂毛织服装业产值50.34亿元，占工业总产值52%。针对时代发展趋势，外砂镇积极鼓励企业引进电脑织机代替传统机械织机，进行数字化设计、数字化生产，提高生产效率和产品质量。"互联网＋"广泛应用于毛织工艺的设计、制造、营销等环节，公共信息平台和毛衫工业园区公共服务平台初步建成，为全省乃至全国的毛衫工艺产业发展和产业转型升级起到重要的引领和示范作用。

截至 2015 年，全镇规模以上毛织服装企业有爱华毛织、奥斓格织造、德财毛织、金达织造、毛毛服饰、丰懋毛衫等 11 家，企业获专利 412 项，有"发运""蚰蚰"等 4 个省名牌产品和"发运""玉蕾""蓬盛"等 5 个省著名商标。2010 年获得"潮式工艺毛衫"和"中华毛衫名镇"的荣誉称号。

第二章

大革命时期和土地革命战争时期

第一节 东江特委领导官埭尾村农民运动

一、建立地方革命组织

1921年中国共产党成立后，积极开展统战工作。1923年6月，中共三大确定联合孙中山领导的国民党进行反帝反封建的国民革命。1924年11月，周恩来任国民党黄埔军校政治部主任。1925年2月，周恩来参与领导东征军讨伐盘踞在东江的军阀陈炯明的东征战争。当第一次东征胜利之时，周恩来创建了潮汕第一个党支部——汕头特支。尔后，各县党的组织先后建立。同年12月中共潮梅特委成立（后改名为中共汕头地委）。1923年9月，著名的农运领袖彭湃在汕头市新马路荣庆里9号成立"惠潮梅农会筹备处"，进一步加强对粤东各地农民运动的领导，潮汕地区由此正式揭开农民运动的帷幕。同年冬，彭湃在汕头市召开惠、潮、梅等10个县和汕头市郊农民代表大会。会后，彭湃偕林苏等到下蓬、岐山、月浦等乡指导农民运动。

同年，汕头市郊建立农会组织，龙湖等地农民开始有了初步的政治觉醒。特别是1927年南昌起义军从三河坝进军潮州城，直下汕头后，建立了苏维埃红色政权，谱写了"潮汕七日红"的辉煌历史，让汕头人民群众切身感受到革命的蓬勃力量。

在国共合作的形势下，中国共产党领导的工农运动得到蓬勃发展。农会组织积极开展减租减息运动，努力改善水利运输和农业生产条件，同时创办平民学（夜）校，普及文化教育。此外，农会还普遍开展清理公账公款运动，追缴劣绅的不法收入；反对苛捐杂税，保护农民利益；严禁吸烟（鸦片）赌博，取缔娼妓；提倡婚姻自由，实行男女平等；组织供销合作，发展副业生产等。为农民解决实际困难，社会面貌焕然一新，从某种意义上讲，农会实际上是行使了乡村政权。各地农会的蓬勃发展和农军组织的陆续成立引起国民党右派的仇恨，也吓慌了大地主、资产阶级，他们举起屠刀向革命势力宣战。1927 年 4 月 12 日，蒋介石在上海发动反革命政变，到处屠杀共产党人和革命志士。

反革命的大屠杀激起了人们的愤慨，潮汕各地掀起急风暴雨式的工农反蒋武装暴动。特别是澄海"4·15"武装起义。澄海"4·15"武装起义坚持了近一个月之久，最终因农军弹尽粮绝而不得不撤退或转移到潮澄饶边青岚山继续坚持斗争。大革命所带来的影响犹如星星之火，散布澄海周边各地。

全国革命浪潮一波胜似一波，已成不可遏制之势。1929 年 10 月，东江特委常委扩大会议决定加强潮汕平原工作，加紧潮安、汕头、梅县三大城市与铁路、海员、韩江轮渡的工运、学运，同时，大力发展红军队伍，将各县的武装整编为东江红军第六军（后改为红十一军）第十六师，下设第四十六至第五十团，主要活动于闽粤边区。

1930 年 5 月，东江特委在八乡山滩下村举行东江工农兵第一次代表大会。代表大会通过选举，正式成立东江工农兵苏维埃政府，陈魁亚为常务委员会委员长。大会通过讨论，确定了当时群众斗争纲领、工作策略及各种命令与决议。会议的召开，使东江的革命力量加强了团结统一，也加强了各县之间的协作。会后，东江特委加强了对潮汕一带的工作，于6—7 月间分别派刘四（刘四文）、宝兰到澄海。次年，又委派纪岳贞到官埭尾村加强领导力量，进行宣传并策划下一步的行动。

1931 年 12 月，纪岳贞受中共东江特委委派，回到家乡汕头市下蓬区官埭尾村，利用该村处于澄海与汕头城区的交界处，敌人防范力量较为薄弱，来开展群众工作，扩大革命活动范围，让革命烽火燃遍潮汕。

纪岳贞回到家乡后，利用乡亲身份参与到教师队伍中，并以此为掩护，迅速发动群众，积极宣传革命道理，着力创建革命据点。

官埭尾村是一个纯农业的偏僻乡村，地处新津河畔靠近下游出海口的沙滩地带，由于江海阻隔，交通不便，生产条件落后，加之当时深受压迫和剥削，人民生活极其贫困。

纪岳贞结合当时形势，向乡民积极宣传革命道理，这使长期处于被压迫被欺凌的村民逐步看清楚当时的局势变化，开始对中国共产党领导的革命有了认识。在短短几天里，全村就有一批人参加革命组织。在这些首批加入革命组织的群众当中，就包括后来成为革命烈士的纪喜龙、纪经如、纪经其、纪大头等。

鉴于官埭尾村革命形势发展的需要，1932 年春，东江特委又派林大光、郭树等 5 名同志到官埭尾村加强领导工作。纪岳贞、林大光等以教书为掩护，边教书，边利用夜晚空余时间进行革命宣传活动。参与革命组织的群众多达 400 多人，纪岳贞、纪经其、纪喜龙、纪经如被推选为官埭尾村革命领导核心成员，组织成立各活动小组，领导群众开展革命运动。

领导小组带领广大要求翻身和解放的农民群众，利用自身熟悉地形的条件，积极开展各种革命活动。他们剪断敌人的电线，破坏桥梁、道路，到处散发传单，张贴标语，轰击敌人营盘，打击地主、恶霸、贪官污吏，没收地主粮食。革命者响亮地提出"消灭土豪劣绅，打倒贪官，没收地主财产，救济贫苦家庭"等战斗口号。他们还通过各种文艺形式进行宣传活动，既鼓舞了人心，使自身队伍不断得到壮大，同时又给敌人以有力的打击，让群众感受到革命组织所带来的温暖，使革命成果得以巩固。

当年，纪喜龙等带领群众没收浮陇地主纪阿尼的米店，并将大米分给群众；组织群众没收长期与反动派互相勾结、欺压百姓的土豪纪德丰、地主恶霸纪文川的财产。

鉴于官埭尾村群众运动的积极开展和影响力日益扩大，为切实加强组织领导，更好地将群众运动进行到底，1933 年春，从庵埠区委中划分出潮汕铁路党总支，归潮澄澳县委直接领导。党总支书记为张炳琴（1934 年 1 月牺牲），后为张名青。同年夏，再从庵埠区委中划分出下蓬区委，归潮澄澳县委领导。区委书记纪岳畴（1933 年秋调离，后被捕变节），委员纪喜龙、纪经如，管辖马西、岐山、夏桂埔 3 个党支部。同时，东江特委在军事上大力开展潮澄澳的游击战争，加快实现与闽西南及中央苏区连成一片的战略目标，从东江特委开办的"彭杨军事政治学校"抽调了 10 名军事骨干到潮澄澳开展游击战争，筹建红军队伍。这支军事骨干队伍由阿进（不久病故，由贝必锡接替）带领，于 7 月间从大南山开赴潮澄澳边区。这支队伍既搞军事行动，又注意做群众工作，动员各地青年参加红军队伍，使之迅速壮大。同年冬，澄海县委在秋溪区西北大涵埔以这支武装骨干队伍为主体，加上樟东区赤卫队剩下的 10 多名队员，正式成立了中国工农红军东江独立师第二团第三连，连长贝必锡，指导员傅尚刚（后为林裕锡），指战员 60 多人，下设 3 个班。红三连成立后，攻隆城、袭潮安，收缴枪支，筹集款项，扩充装备，至 1933 年 5 月间，全连人数已达八九十人。

1933 年 3 月，下蓬区委在鸥汀、浮陇、渔洲、陇尾等地配合红军和游击队积极锄奸肃特，歼灭小股反动武装。5 月中旬，袭击下蓬岐山乡公所，击毙乡后备队队长许玉梨，镇压长期鱼肉乡里的土劣林海洋、林阿松、林双照等人，缴获枪支和物资一批。5月下旬，袭击蕉山陇乡公所，镇压反动乡长陈慎之等 8 人，缴获后备队枪支弹药一批。

下蓬区委充分利用敌人边界地区管辖上的矛盾，以及熟悉地形的优势，变被动为主动，周旋于敌人的心脏地带，尽量避免与敌人的正规部队发生正面作战，避强袭弱，打有把握之仗，积小胜为大胜，使革命力量得到不断壮大。

是年秋冬之际，下蓬区 20 多名青年参加红三连。下蓬区青年参加工农红军的正式部队，标志着官埭尾村的革命有了一个质变式的纵深发展，地方农民运动与红军部队的互相配合，使官埭尾村成为当时地方上颇具影响力的红色革命根据地。

与此同时，潮汕各地的农民运动如火如荼。饶平、潮安、潮阳、惠来、揭阳等各地农军纷纷行动，以各种形式对敌人进行反攻、袭扰，并没收反动分子的财产，将之分与各地百姓，得到了广大群众的拥护，将革命的烽火燃遍潮汕大地。

二、农民运动的形势

在整个大革命时期，龙湖唯一的革命老区（村）——官埭尾村发挥了巨大作用。官埭尾村在党的领导和指挥下，迅速发展并壮大自身力量，利用一切可以利用的手段和办法，团结并凝聚群众，积极主动地寻找机会，开展一系列令敌人闻风丧胆的斗争，并取得丰硕成果。在短短不到两年的时间里，官埭尾村的党组织和地下活动从无到有，从零星到相对集中，最终发展成有纪律、有组织、分步骤、分层次的对敌斗争运动，更重要的是，官埭尾村革命群众通过一系列行之有效的斗争，终于形成了以官埭尾村为中心，其他地区的革命联络点为辅助的格局，使党在潮汕地区所领导的革命斗争达到一个喜人的高潮。因此，东江特委对官埭尾村的斗争是比较重视的，先后派出专员，指导该村的革命运动。而作为斗争中心的下蓬区委也以官埭尾村为中心，对敌展开一系列破坏和打击的行动。他们向群众分发传单，宣传革命道理；破坏敌人的通讯设备，有力地配合党的其他运动；他们寻找一切有利时机，斗地主、除恶霸、打土豪，并将所得财物和田地分发给贫困百姓，得到群众的拥护。

下蓬区委在进行武装斗争的同时，也十分注重宣传教育工作，采取各种措施，通过各种途径动员和发动群众投身革命斗争。设法占领农村学校阵地，区委通过开展统战工作，以教书为掩护，大力开展宣传发动工作，既配合了开辟红色基点村的工作，又动员一批青年学生、农民参加革命斗争。

1933年冬汕头"论坛事件"发生后，潮澄澳县委成员李植梅和文委书记谢光汉被捕叛变，引带国民党当局军警围抄、破坏了潮州、汕头等地的共产党地下机关，陈府州、林大光、徐伟川等领导人被捕。在国民党当局的文化"围剿"中，下蓬密林文艺研究社也遭到破坏。文艺研究社成员或被捕或被遣散，只有社员余洪声（余永端）在莲阳开办了文学研究班，仍继续坚持活动，一批青年通过启蒙教育，走上了革命道路。

自1931年秋冬开始，至1934年秋为止，官埭尾村的革命运动开展得轰轰烈烈，至革命运动最高潮时，全村超过30%的成年人加入了革命队伍行列，官埭尾村因此成为远近闻名的"红色村""革命村"，至1934年地方革命进入低潮期，国民党军队扫荡该村时，竟然提出"只要是官埭尾村的成年男子，就一个也不放过"。由此可见当时官埭尾村的革命力量在人们心目中的影响。这支由东江特委和地方党组织共同领导的革命力量所进行的一系列革命斗争无异于给敌人以迎头痛击，并形成愈演愈烈之势。

现在的如龙社区（即原来的官埠尾村）西南端，耸立着一株年代久远且生命力旺盛的大榕树，当地人们称它为"革命树"。当年，这里荒沙成片，路人稀少，大革命时期和土地革命时期的东江特委每次召集驻官埠尾村的党组织成员开会时，都会选择来到这里。而由于树干粗大（易于人攀高）且枝叶繁茂（便于人伏哨），东江特委与官埠尾村的党组织成员每次开会，都会派人在树上放哨，一有情况，立即示警转移。后来，这株树被人们称为"革命树"。今天，这里是龙湖区老区人民和各中小学进行革命传统教育的基地。郁郁葱葱的"革命树"成为官埠尾村的革命历史见证。

如龙革命树（陈扬供图）

三、革命由高潮进入低潮

1933 年 6 月，汕樟公路经龙湖路段全线筑成通车。8 月，潮澄澳县委和下蓬区委组织党团员、游击队员在靠近汕头的铁路线段——从汕头火车站到月浦站，沿路每一里许，插一面红旗，制造革命声势；同时，贴布告、散传单、宣告红军和游击队进入铁路线。这次行动，震动了潮汕地区。澄、潮、揭 3 县国民党驻防军和警卫队为之震惊，迅速组织军队对郊区的游击队进行"围剿"。

11 月 11 日夜，下蓬区游击队破坏汕樟轻便铁路浮陇站木桥，粉碎了敌人的行动。

1934 年 2 月 27 日，下蓬区游击队没收充公村（今珠池街道）土劣浮财，缴获后备队短枪 2 支，长枪 7 支。

3 月，下蓬区游击队员黄弟偷正在值哨队员的夜光表到澄海城准备兜售，被密侦队缉捕后叛变，带驻防军 1 个连"围剿"官埭尾村，游击队员纪浩盛、纪乖客、纪忠郁、纪猪头和交通员纪浩强等 5 人被捕牺牲，同时敌人还杀害无辜百姓 12 人，烧毁房舍 30 多间，抢去大批财物。国民党军官还将被砍杀者的首级拿到县里领赏，然后挂在官埭尾村树上示众。

为了给敌人以有力的打击，官埭尾村党组织通过缜密的侦查，巧妙地干掉了伪密侦队队长纪和尚婆（男，系别名），并先后 5 次用土炮轰击敌人营盘，吓得敌人坐卧不宁。

4 月，伪军邓龙光独立师派出 400 多名伪军，营长李驯连同澄海伪警卫队几十人，包围了官埭尾卢厝池的红军游击队。树上哨兵先被敌人狙击手击中牺牲，游击队仓促突围，仅有郭才等 10 多人脱险，其余均壮烈牺牲。

是年秋天，下蓬区游击队为了打击敌人的嚣张气焰，主动出击枪毙中岐乡鸦片馆馆主阿岳，烧毁3间鸦片馆。

7月，东江特委为加强对官埭尾村的革命领导，专门下发夏收斗争指示，布置武装游击战、抗租抗捐、扩大游击队和游击区、加强对敌军士兵的策反工作等。

官埭尾村革命根据地的发展也引起周边国民党军队的恐慌，在较长的一段时间里，来自汕头、澄海、潮安等各地的国民党保安团或地方武装不断围攻这里的革命武装组织。因为这里地处平原地带，缺乏可供隐藏的掩护点，所以在敌人长期且不间断的围攻和破坏下，官埭尾村的革命力量或多或少受到一定程度的削弱，至1934年初，这里的领导人只剩下纪喜龙和纪经其两位同志。形势十分险恶，革命处十危急关头，在这种情况下，纪喜龙并没有被吓倒，他顽强不屈，继续领导群众勇敢地同敌人进行艰苦卓绝的斗争。

曾参加革命活动的农民纪阿妹革命意志薄弱，在敌人的威胁利诱下，暗中给敌人告密，主动侦查革命领导人行踪。1934年8月26日，纪阿妹花言巧语地对纪喜龙、纪经其谎称"附近的坑田村群众迫切要求参加革命组织，要你们俩到那里宣传革命道理"。纪喜龙、纪经其没有识破纪阿妹的伎俩，当晚按时来到约定的地点，纪阿妹遂将两人带至敌人的埋伏圈。

当早就埋伏在四周的敌人现身向纪喜龙两人喊话，让他们投降时，纪喜龙、纪经其临危不惧，拔枪反击。敌人见两人反抗，便一齐向他们开火。

纪喜龙、纪经其虽奋力反击，但终因敌众我寡，两人最后壮烈牺牲。纪喜龙牺牲时，年仅32岁。纪经其年仅24岁。

纪喜龙、纪经其遭杀害后，下蓬区委因受到严重破坏而被迫停止活动。国民党当局对该区实行法西斯统治，军警加紧镇压共产党人和革命群众。据不完全统计，仅下蓬区遭逮捕达150多人，遭杀害近 40 人。下蓬伪善后委员会连同李驯部队日夜对官埠尾村进行搜查，搞反革命宣传，出重赏通缉捉拿革命同志，并声称"谁敢造反，就要枪决杀头"。因对官埠尾村这个著名的革命根据地怀着极大的恐惧和报复的欲望，国民党当局后来发出口号"谁和官埠尾村人同行，就同受处罚"。

在敌人"宁可错杀一千，也不放过一人"的白色恐怖笼罩下，官埠尾村大部分男丁（包括没有参与革命活动的普通百姓）均惨遭杀害。侥幸逃脱的，也纷纷走向凤凰山寻找革命队伍。敌人把革命志士的头颅高挂在澄海城楼，企图杀一儆百，绞杀革命。整个官埠尾村仅存部分妇孺老幼，其状惨不忍睹。最早在官埠尾村进行革命的领导人郭树和另外几位同志也惨遭杀害。

官埠尾村的革命斗争陷入低潮。

四、官埠尾村的历史地位和影响

官埠尾村的革命之火虽然暂时被扑灭，但是，群众的斗争意志并没有完全被消灭。在该村的革命斗争无法继续开展，村里一批受到进步思想教育的成年人便通过其他途径，继续参加革命。如纪炳清等人就通过党组织的介绍，加入红军部队，转战潮、澄、饶及闽南一带，把革命的种子撒遍潮汕各地。

龙湖区人民在大革命时期以官埠尾村为主要革命根据地，以散布在各个村落的联络点为主要渠道，积极配合党组织和地方部队开展形式多样的独具特色的工农运动和革命武装活动。官埠尾村经过近四年的革命斗争，使当地人民群众对党所领导的革命有了更深的理解，同时对国家的前途走向也有了更加明晰的认识，并逐渐从盲目走向清醒，从懵懂、无序走向有组织、有章程、有方法、有步骤地开展敌后武装活动。

官埠尾村农民运动的蓬勃发展主要有两方面原因：一是北伐

战争的顺利推进，使军阀反动统治被推翻，为民众提供了进行集会、结社、罢工、游行等活动的相对宽松的环境；二是全国各地共产党组织的相继建立，推动了工农运动的迅速发展。农民协会的成立，使广大农民群众充分认识到了团结起来的力量，增强了广大农民反剥削、反压迫、推翻封建统治的信心和斗志。

后来，轰轰烈烈的大革命虽然失败了，中国共产党在潮汕建立的组织遭到破坏，工会和农会组织由于失去了共产党的领导，地方的工农运动逐渐归于沉寂。但在这一时期，潮汕人民的反帝反封建的革命斗争，开始走向有组织、有先进纲领领导、有明确目标的斗争。其中，外砂南社王金满和魏兆梁因受革命道理的熏陶而加入中国共产党，奉组织命令到外砂乡组织地方农会，发展党员。20 世纪 30 年代，林美南、王亚夫先后利用学校为阵地，传播进步思想，积极引导学生蔡子明、李克干等走上革命道路。

如龙革命树广场（陈扬供图）

外砂农运会则利用林厝村中一所有着一百多年历史的蓬沙书院和方公讲院作为农会会所，在这里团结当地要求进步的广大群众，宣传革命道理，撒播革命种子。

党在人民群众中宣传马克思主义和自己的政治主张，使长期受苦受难的百姓看到了希望和光明，工农大众经受了革命的洗礼，提高了政治觉悟。这一时期党通过在官埭尾村建立和发展自己的组织，积极开展工人运动、农民运动，壮大了革命力量，积累了宝贵经验，扩大了政治影响，成为人民革命坚强的领导核心。高涨的工农运动，推动了官埭尾村乃至整个潮汕地区反帝、反封建革命浪潮的兴起，加速了新民主主义革命的进程，在潮汕大地播下的革命火种，为土地革命战争时期中国共产党在潮汕开展革命斗争奠定了坚实的基础。

1936 年 10 月，驻香港中共南方临时工作委员会派李平到潮汕开展抗日救亡运动，恢复党组织，在汕头秘密成立"华南人民抗日救国义勇军潮汕大队部"时，下蓬区便为其活动的主要区域之一。

第二节 艰苦卓绝的地下革命斗争

在整个大革命时期和土地革命战争时期，龙湖地区的革命力量依据地理条件和群众基础，结合自身实际情况，配合上级革命领导组织，开展形式多样的革命活动。鉴于当时汕头地区华洋杂处、敌我斗争态势犬牙交错且力量悬殊的现实，新生的革命力量主要采取隐蔽的地下斗争，通过文艺宣传、发动和组织等形式，将革命的道理和斗争的形势传播到城乡各处，特别是对学生和进步青年的影响很大。龙湖各地下革命组织以星星之火，终可燎原的信念，先后以文艺研究社、学校、交通站（线）和联络站为阵地，在艰苦恶劣的环境下，用隐蔽的手段和巧妙的斗争艺术与敌人进行不屈不挠的周旋，将革命星火传播到龙湖及周边地区。

一、传播革命种子的密林文艺研究社

密林文艺研究社（简称"密林社"）以林祖荫（后名林之原，又名林野寂）为主的研究创作团体（"密林文艺研究社"详细内容参见附录一《革命遗址》），早年在天津和上海以"春笋文艺社"为名，受夏衍、鲁迅、阳翰笙等进步文学家影响，积极参加中共上海组织领导下的革命活动和飞行集会等。林祖荫利用寒假回乡的机会，将密林社扩展成为家乡宣传革命思想、传播革命星火的文艺阵地，与汕头报社编辑张释然、陈府州等联系密切。

密林文艺研究社创办于 1930 年。嗣后，林祖荫返汕同密林社友陈曙光结婚。婚后同往潮阳赤寮乡植基小学任教。1932年冬，林祖荫到汕头市同济、华英中学任语文教员，坚持利用讲台和刊物《密林》宣讲革命的道理和进步的斗争观。直到1933年6月在同济中学课堂上被捕，当时被称为"密林事件"（因密林骨干3人同时被捕）。

密林社是潮汕本土重要的革命文化思想阵地之一。该社的宗旨是团结爱好新文化的进步青年，联络感情，互相砥砺，研究新兴文学（即无产阶级文学），学习写作，传播新文化、新思想，开展革命活动。密林社一成立，就组织社员学习革命文艺的理论知识和郭沫若、郁达夫、蒋光慈、茅盾等人的文学作品。有的社员还研究一些马克思列宁主义的书刊，并对一些有联系的青年学生进行新思想、新文化的传播以及介绍工作，在《密林》发表一些具有革命倾向的文学作品。通过办教育向学生灌输新思想，启发学生反封建、反迷信、反压迫，进行爱国主义教育。

在密林社中，地下党员纪岳畴、纪奕松也起到一定的带头作用。1932年，密林文艺研究社的一些成员也与中共潮澄澳县委宣传委员陈府州有联系，接受党的领导，实际上是当地中共党组织的外围进步文化团体。

1933年端午节前，纪岳畴、纪奕松被捕。纪奕松随后逃脱并远走国外。国民党下蓬警察局在其任教的陇尾乡养正小学住处搜出一批共产党"红五月"宣传品和密林社刻字钢板及来往书信，发现其与密林社的关系，即搜捕密林社成员蔡健夫（蔡科泰）、袁琼（袁似瑶）、郭心影等，林祖荫也随之在讲堂上被捕，并被分别判刑禁于澄海监狱，罪名是"宣传与三民主义不相容之主义，危害民国"。林祖荫被判刑三年。

林祖荫被捕后，密林社失去核心领导人物，加之部分社员也因各种活动而被通缉或遭到逮捕，因此，密林社的活动被迫停止。

当地党组织也随之停止活动。1937 年，黄润泽从新加坡回汕，筹办汕头书店，与李凯、黄雨、林大星和林坚等人联系，密林社重新活动，至 1938 年，汕头青抗会成立。杜伯琛派陈曙光组织下蓬青抗会，领导核心经常在此地活动。其后，密林社的主要骨干和部分成员投入抗日战争，先后成为共产党员和革命干部，走上革命道路。

1935 年下半年，密林社莲阳分社社员、友联中学学生陈维勤在该校校长赵季良（中共党员）的启发下，在陈家富、陈烈锋（曾应之）的带动下，与方东平、何史等参与汕头拉丁化新文字活动，后来又与《星华日报》的张问强及郑淳、王亚夫等，发动组织了汕头拉丁化新文字研究会。他们学习马列著作和各种进步书刊，关心国家、民族的命运，组织学习讨论。至 1936 年，密林社莲阳分社已发展成若干个固定活动点。接着，一些骨干又分散到樟林、澄城、华富及潮阳、普宁等县内外的小学任教，向学生灌输新思想、新知识，继续扩大影响。

密林社通过各种形式，深入广泛地宣传中国共产党的斗争思想和斗争形势，对当时地方上文艺战线的形成和人们的思想启发起到了至关重要的作用。在大革命时期以至抗日战争时期，龙湖地区的革命斗争都与密林文艺研究社有着或多或少的联系。

2003 年 10 月，该址被列为汕头市文物保护单位。

二、维护红色交通线、交通站

（一）官埭纪交通站

官埭纪交通站是粤东交通线的重要站点，担负着桑浦山同汕头郊区及潮、澄、揭等地的联系。粤东交通线是东征军进入汕头市后，由周恩来指挥创立的。它的主要任务是护送党的干部，传达地、市、县委之间的文件、书信和指示，筹集资金和各种必需物资以供应用革命所需，还担负潮汕铁路沿线及潮、澄、饶和福建一带的情报工作。粤东交通线除汕头—桑浦山之外，还有从揭阳过河到关埠，然后是经顶—经脚—屯巷—仙岐—南洋—贵屿—陈店，再从陈店上大南山。南昌起义重要领导人都由交通员护送，周恩来、叶挺在杨石魂的护送下到海陆丰，在黄秀文家里住了半个月后，安全转移至香港。

1927 年四一二反革命政变后，汕头地委、潮安县委一部分领导人，就是由官埭纪交通站的交通员护送撤至桑浦山的。

其时，汕头交通情报站的总负责人是赖成杰，铁路交通线的负责人是许日新，农村片区负责人为黄迪迎等。

官埭纪交通站至 1934年官埭尾村革命组织遭国民党破坏后，鉴于该村成为白色恐怖的"重灾区"，交通站已明显不能再行使用。经上级党组织决定，放弃使用这里的地下交通站点。官埭纪交通站遂就此撤销。

官埭纪交通站旧址（陈扬供图）

（二）红色交通线

1927 年国民党发动反革命政变以后，中国共产党所领导的大革命进入低谷。中共中央认识到建立全国性秘密交通网的重要性，决定设立中央交通局。中央交通局归属于中共中央政治局，由周恩来直接领导，分别在香港、汕头开设交通站。线路最终确定为由上海出发，经香港、汕头、大埔进入闽西，直达中国的革命心脏——瑞金，以期打破国民党军队对革命根据地的"围剿"和封锁。中共中央考虑到这条交通线以水路为主，交通方便，且可减少暴露的风险。中共中央之所以考虑以汕头作为交通站，其一汕头原来是全国三大港口城市之一，华洋杂处，众多华侨出入，各地客商云集，易于革命同志隐蔽而不易为敌人发现；其二是潮汕经过国民革命两次东征的洗礼，八一南昌起义军也曾在这里创建过"潮汕七日红"的政权，群众基础比较好。

1930 年底，中共中央派遣南方局秘书长饶卫华在香港建立香港交通站，与此同时，中央交通局副局长陈刚到汕头市镇邦路 7 号建立中法西药行分号，作为交通局直属交通站。1931 年，为防止意外情况发生，中央做了两手准备，同时分派陈彭年、顾玉良、罗贵昆来汕头筹建备用交通站。陈彭年等 3 人接受任务后，以上海客商身份，于 1931 年 2 月间，在汕头市海平路 98 号租借地方，选择便于为苏区筹措电器材料的行业为掩护，开办起华富电料行。4 月，中共中央特科负责人顾顺章叛变后，为防止绝密交通站遭破坏，汕头中法西药行分号停止使用，华富电料行仍坚持工作。至 1934 年秋，经该交通站进入中央苏区的党主要领导干部有任弼时、刘伯承、项英、左权、徐特立、邓发、张爱萍、周恩来、邓小平、聂荣臻、李富春、博古、陈云、李德等 200 多人，输送物资约 300 吨，为新中国的革命事业做出了巨大贡献。

在汕头秘密交通线的各个分站点中，外砂镇的大衙渡口起着重要的通联枢纽作用（"大衙渡口"的详细内容参见第四章《解放战争时期》）。

（三）红色交通线的任务及历史地位

红色交通线是第二次国内革命战争时期，在周恩来直接领导下创建的一条关系中国共产党和工农红军生死存亡的生命线。主要线路是上海经香港、汕头、大埔进入闽西苏区，长达数千里。经过血与火的考验，粤东地区的中央红色交通线自始至终未受敌人破坏，据说直到 1941 年中共中央主动把它撤销（一说坚持到

1937年）。

红色交通线有以下主要任务：一是搜集各地情报，确保自身安全。因为当时中央苏区及各根据地，处在国民党的重重包围之中，特别是国民党发动了五次"围剿"，没有准确的情报将寸步难行，甚至遭受灭顶之灾。二是上传下达，保持政令畅通。当时中央红军需要与各根据地开展联络沟通工作，发送文件资料。三是将根据地的物产运出，换成货币，购买电器、药材等大量急需物品。四是护送过路的中央领导同志。

尽管红色交通线早已成为历史，但它在中国革命中的作用是无可替代的。红色交通线对中国革命的建设作用具有极其重要的意义，在当代党史上也极具研究价值和研究意义。

三、"风筝案"始末

1927年，蒋介石叛变革命后，中共澄海县党组织带领全县广大党员和革命群众奋起反击，举行了武装起义和抗租暴动，在白色恐怖中艰苦斗争。由于国民党当局的疯狂镇压，从1928年2—7月，中共澄海县委两度遭敌破坏，前后两任县委书记詹天锡、吴杰生和县委常委陈澄、邹克英等6名领导干部先后牺牲。9月间，中共广东省委为加强澄海的领导力量，派张权泽、方奋德到澄海工作，张权泽任县委书记。9月下旬，张、方分别从香港出发抵达澄海后，与在白区坚持斗争的中共党员蔡作楷、王金满等取得联系。10月1日，县委在澄城县岭亭乡蔡作楷家召开会议，是日午饭后，有几个当地青年在蔡家的屋顶放风筝，方奋德也上屋顶观看，刚好被邻乡西门劣绅蔡员外所见，蔡员外即向国民党澄海当局告密蔡作楷家有陌生人。时任国民党澄海县长方秉章即派其从家乡惠来县带来的亲信前往侦探，亲信见是大革命时期惠来农民运动的积极分子方奋德，立即报告方秉章。晚上8时许，澄海县侦缉队长林四弟带兵包围了岭亭水溜口南厝蔡作楷家，张权泽、蔡作楷、王金满、方奋德等 4 人不幸落入敌手。在狱中，张、蔡、王、方受尽了敌人的严刑拷打，坚贞不屈，正气凛然，痛斥国民党当局倒行逆施，始终没有暴露共产党的秘密。敌人恼羞成怒，于 10 月 4 日将张权泽、蔡作楷、王金满、方奋德四位同志杀害。因当时是放风筝时节，事件是由放风筝引起的，故澄海群众称之为"风筝案"。

"风筝案"发生后，澄海（龙湖）的革命事业再次遭受重大损失，直至 1929 年，东江特委常委扩大会议决定加强潮汕平原工作，加紧潮安、汕头、梅县三大城市与铁路、海员、韩江轮渡的工人、学生运动，并分别于 1930 年和 1931 年派刘四（刘四文）、宝兰、纪岳贞等人赴澄海及郊区加强领导力量，宣传并发动群众进行斗争，澄海地区的革命形势才有所好转。

四、地下党组织联络点养正小学

清朝末年，卢氏族人在宗祠内创办了私塾，取名景范，意为追慕先祖，敬仰前辈。1912 年 3 月，私塾改为学校，故名景范小学。

1915 年，幼年的林祖荫（林之原）曾在景范小学读书。1925 年秋，受当时大革命洪流的影响，景范小学教师蔡健夫和林之原、袁似瑶等进步青年，在林之原家中组织青年学友会，定期集中纵谈时局，交流知识，传播革命进步思想。

1927 年，由于蒋介石发动四一二反革命政变，对共产党人和国民党左派人士以及革命群众大肆进行逮捕、屠杀，残酷地摧残革命势力，一时全国笼罩在白色恐怖之中。当时汕头市震东中学因有传播红色革命思想的嫌疑而被勒令解散。就读于该中学的许渭泉和袁似瑶肄业，回到鸥汀。这时林祖荫也因病从天津休学回家。他们鉴于时局的变化，决定把原青年学友会改组成春笋文艺社。社友们一起学习新文化，研讨文艺问题和马列主义，并把自己的习作编成了《春笋》文艺刊物，油印出版，在进步青年中传播。

在这个时期，景范小学举办了失学青年文艺补习班，蔡健夫邀请许渭泉和林上琦到景范小学任教。过后又请余永端来任教。他们把《春笋》刊物的内容，在补习班上传播。

1930年1月，就读于上海的林祖荫和袁似瑶利用寒假回乡将春笋文艺社扩大改为密林文艺研究社。以团结进步文学青年学习和研究革命文学传播新文化、新思想为宗旨。他们以《密林》刊物的内容为主，对补习班学生宣传革命思想，景范小学实际上已成为密林分社。

后来，林祖荫、袁似瑶等人为适应当前革命形势，以"养浩然之气，正做人之本"为目的，把景范小学改名为养正小学。

学校主要负责人为鸥下乡的乡长亚鹅，他是一名同情革命、追求进步的地方人士。他把学校的一切工作基本交付给在校进步教师处理，且在工作上给予一定的便利。因此，密林社在这里组织社友，给补习班学生讲课，让他们学习新文化、学习共产党所传播的革命思想，并让他们互换阅读进步书籍，宣传救国思想。养正小学这时已成为地下党组织联络站。活跃在潮汕地区的陈府州、李习楷、李亮等人都曾在这里指导并领导当地进步学生或群众进行地下革命斗争。

1933年端午节前后，因响应"红五月"活动，养正小学住校任教共产党员纪奕松因受怀疑被捕后逃脱。敌人在他的宿舍里查到一批共产党"红五月"宣传品和密林文艺研究社刻字钢板及来往信件，密林文艺研究社社员袁琼、蔡健夫、郭心影、林祖荫因而也相继被捕，其他成员分散掩蔽，密林社被迫停止活动。

五、鸥汀地下党组织联络点鸥下曲尺巷林玉城家

1931 年，上海的左翼文化运动对全国各地抗日反蒋的群众运动的兴起产生了极为深刻的影响。1933 年，中共东江特委为响应国内革命声潮，决定开展潮汕城市的左翼文化运动，推动城市抗日反蒋群众运动，遂指示潮澄澳县委派谢光汉等骨干到汕头市组织文化委员会，谢光汉任文委主任（对内称文委书记）。同年 8 月，县委又派宣传部长陈府州接替谢光汉的职务。文委会建立后，先后出版革命刊物《吼湍》《铁拳》《潮汕文化》《南海潮》《工人文化》，并采用三字文、五字歌等群众喜闻乐见的形式，编写了大量的抗日反帝的宣传材料，发到工人群众手中，收到了很好的宣传效果。通过艰苦的发动工作，文委会先后在汕头市等地的工人、学生中组织起反帝大同盟等抗日群众团体，把城市的抗日反蒋群众运动进一步推向前进。文委会还通过各种途径，加强与各地革命文学团体的联系，培养革命骨干。

1932 年春，陈府州到潮汕任中共潮澄澳县委宣传部长后，他先后同县委领导人李崇三、陈耀潮、龚爻河、张敏、刘胜信协力开辟潮澄饶革命根据地，积极开展抗日反蒋群众运动和游击战争。他奔波于潮澄饶革命根据地，以各种方式进行宣传发动，培养了一大批革命骨干。他还经常到下蓬区鸥汀乡（即现在鸥汀街道鸥下居委），住在一个同情革命的越南华侨林玉城家中，林玉城与其弟林向育原来也是鸥汀人，因有海外关系，一直以做服装生意为业，对陈府州及其他革命者有着较深的阶级感情。陈府州在这里同密林文艺研究社的骨干蔡健夫（蔡科泰）、纪奕松、袁琼（袁似瑶）等人联系，开会密商、布置传达任务，积极做好革命群众工作。

汕头地区宣传活动的开展，引起国民党当局的密切注视。他

们一方面指令各地组织官办的群众团体,增办官办报刊,开展欺骗宣传,企图在舆论上迷惑群众;另一方面,对革命刊物的出版、邮寄进行了极为严密的控制,不断查封革命刊物出版机关,并利用叛徒的指引,派出侦探四处查访,搜捕地下革命刊物的出版者。

1933 年冬发生了汕头的"论坛事件",潮澄澳县委成员李植梅和原文委书记谢光汉被捕叛变,引带国民党当局军警围抄,破坏了潮州、汕头及铁路干线等处的共产党地下机关,陈府州、林大光、徐伟川等领导人被捕。陈、林、徐等人在狱中坚贞不屈,大义凛然,1934 年 2 月 7 日,被敌人枪杀于汕头市郊。

陈府州等领导同志被杀害后,国民党加紧搜捕革命党人,一批原来活跃在这里的地下党联络员或遭查问,或被通缉,这样一来,位于林玉城家的鸥汀地下党组织联络处也遭到破坏,林玉城远走越南,其弟林向育则逃往柬埔寨,其后裔现均居住在海外。

该故居多年无人居住,现处于荒废状态。

六、下蓬地下党组织联络点景范小学

景范小学位于汕头市龙湖区鸥汀街道鸥下社区皇古一巷 4 号后面,曾是下蓬区地下党组织活动点。

景范小学于 1926 年由梅县人曾先生(未名)创办,曾先生曾经参加过第一次国内革命战争,他在办学的同时传播革命思想。密林文艺研究社就是他参与传播革命思想的地方。曾先生创办景范女子学校,是响应 1925 年澄中学生会的"驱叶学潮"而创立的。原来,上海五卅惨案发生后,澄中的爱国学生经常外出参加革命活动,校长叶浩章对学生的行动不但不给予支持,反而横加指责、阻挠,引起学生的强烈反对。1925 年暑假前夕,澄中学生会发动了"驱叶学潮",全体学生罢课,一致要求国民党当局罢免其校长的职务,迫使叶引咎辞职。时适逢执教于北京大学的杜国庠（杜守素）因深恶校风腐败，乘奔母丧回故梓，澄中校董会即聘其为澄中校长。杜欣然应聘，并请共产党员李春蕃（柯柏年）等到澄中任教。8 月间，杜到澄中任职，不久，即革除了澄中自 1915 年建校以来一向只招收男生的陋规，支持女师讲习所的蔡楚吟、吴文兰等 6 名女生关于"男女平等""澄中开放"的呼吁和转学到澄中的要求，破例吸收她们进澄中读书。

澄中在招生上革旧鼎新的创举，在潮汕地区引起了强烈的反响。

虽说社会上争取男女平等、反对宗教对女子的迫害、反对女子缠足、主张婚姻自主等倡议早在五四运动时就明确提出，但这一主张对于封建思想根深蒂固和一向封闭禁锢的旧时潮汕一般民众来说，依然是一种可想而不可行的事情。

景范女子小学为当时鸥汀地方唯一的女子学校，招收有女学生约 40 人。授课的教师主要由密林社成员及社会进步人士担任，其中密林文艺研究社的社员余洪声、黄润泽等都曾在该校义务讲学。1933 年由于"密林事件"，许多密林社成员被国民党逮捕抓进澄海监狱。曾先生因涉嫌参与活动，为逃避国民党当局的搜捕远走海外。景范女子小学因而停办。

校舍多年失修，现已倒塌，成为一片空地。

七、林美南教书处竞智小学

竞智小学位于龙湖区外砂镇蓬中村。林美南是中共潮汕地下组织的重要领导人，自 1941 年 9 月任中共潮梅特派员以后，一直是潮梅党组织的主要领导人之一，为潮汕地区党组织和革命事业作出巨大贡献。

1932 年，林美南到外砂谢氏小学（竞智小学）任教师。他曾目睹蒋介石叛变革命残害工农革命人士的事实，也见证了工农运动的风起云涌，受到八一南昌起义部队进军潮汕的鼓舞。在这一时期，他阅读《新青年》《语丝》等革命刊物，并研读了《共产党宣言》《反杜林论》《政治经济学教程》等马列主义理论著作和大量的革命书籍，同时接触了许多共产党员和革命群众，形成了初步的革命人生观。1939 年林美南终于放弃教师生活，前往上海寻求真理，从此在革命道路上勇往直前。

林美南教书处的竞智小学现为外砂谢氏大宗祠址。

第三章

全面抗日战争时期

开展抗日救亡运动

汕头市区（含龙湖地区）自 1939 年端午节陷于日军之手起，各地在中国共产党的抗日民族统一战线的旗帜下，组织起各类抗日救亡运动。外砂、下蓬区利用青抗会的名义，通过各种形式的宣传活动，发动广大人民群众自发投身到抗日救亡的行列中。在外砂和下蓬等地，以敌后武工队、游击分队等身份出现的武装力量则有以下蔡村蔡子明、蔡秋林等人为主要领导的抗日小分队。此外还活跃着另外一批进步青年，他们以灯谜、漫画、歌册等群众喜闻乐见的艺术形式，宣传抗日救亡的道理，号召广大人民群众一起加入到抗日民族统一战线的阵营。

一、汕头青抗会、外砂青抗会、金砂青抗会成立

1939 年 6 月 21 日（农历五月初五，端午节）清晨，日本第二十三军十九混成旅团长兼粤东派遣军司令后藤，率领 6 个大队约 3000 多人，舰艇 30 余艘，飞机 20 多架，海、陆、空同时出动，大举入侵汕头。日军兵分两路，一路由从新津河口外充公到周厝塭一带登陆，另一路由韩江分流的外砂河出海口进攻。当时，驻军同日军激战 1 个多小时，因敌我力量悬殊而撤退。日军进而向外充公、珠池等地进犯，驻军国民党保安团第五团第三营奋起迎击，营长李平在激战中阵亡。日军又分兵三路进攻汕头市：一路乘军舰在新港（今龙湖区新溪镇）登陆，后经鸥汀（今龙湖区

鸥汀街道)、月浦(今金平区月浦街道),包围庵埠(今潮安县治);一路乘汽艇从新港溯新津河袭击庵埠;一路由四基围进占洋边(今龙湖区龙祥街道)、浮陇、东墩、金砂(今金平区属地)等地,进而于22日占领汕头市区。汕头沦陷。

22日,汕头市政府内迁至今揭阳市属的普宁市里湖镇。澄海也将政府机关迁往程洋岗,继迁八角楼,再迁洪厝埔,后迁东陇王厝祠。

汕头虽然沦于敌寇手中,但潮汕地区的对日反击仍是零零星星地进行。为对抗日军民实行报复,日军饭岛部队300余人在攻陷澄海后,一连三天,疯狂进行大屠杀,惨遭杀害的居民达1000多人。

是年,日机多次轰炸汕头市区:3月26日扫射由揭阳开往汕头的"大华轮",造成多人死伤;5月4日又轰炸汕头市区;5月6日再炸汕头机场;5月14、17、18日三天对汕头居民和近郊农村进行狂轰滥炸。

日军同时在汕头地区成立汪伪政府机构,推行一系列奴役人民的政策,对汕头市、澄海县实行残酷的法西斯统治。

日军全面侵华战事爆发后,全国人民抗日呼声四起。汕头爱国青年在中共汕头市工委的发动下,于1937年8月8日成立了由中国共产党所领导的汕头青年救亡同志会(后改名青年抗敌同志会,简称"青抗会")。该会确定了以"动员民众,组织民众,武装民众,保卫祖国和保卫潮汕"为己任,提出"一切不愿做亡国奴的人们一致抗日"等响亮的战斗口号。

汕头青抗会成立后,积极开展抗日救亡宣传活动。为了扩大影响,汕头青抗会宣传队还先后到潮安和澄海演出《放下你的鞭子》等抗日内容的街头剧。汕头青抗会的大声疾呼,唤起了广大人民对日寇的仇恨和对民族危机的忧虑,激励起群众抗日救国的高涨情绪和一致奋起抗敌的斗志。

汕头青抗会大部分会员，按照党的事先部署，在郊外的桑浦山麓集中，并于 1939 年 7 月 7 日，成立了汕青抗武装大队。这支由党直接领导的潮汕抗日队伍，80 人中就有一半是共产党员。在潮澄饶党组织领导下，战斗在抗日前线，机动灵活地打击日伪军，进行了莲塘乡初捷、洋头村侧击、乌洋山抗敌、云步圩活捉日军曹、夜袭阁州自卫团、青麻山反"扫荡"战等战斗，有力地牵制了敌军的进攻，支援了守军作战。参战 9 个多月，俘虏击毙击伤敌数十名，缴获枪械及弹药一批，战绩累累，得到友军好评，受到广大群众的称赞，名扬潮汕。

1938 年 9 月，外砂青抗会成立，会址设在蓬沙书院里面。在宣传发动工作中，外砂青抗会一是在各工作队或区分会周围进行经常性的宣传，以及分布于各地任教的青抗会会员利用校内外阵地对学生及周围群众进行宣传教育。二是通过组织各种工作队分赴城乡巡回宣传。宣传的内容形式多样，有口头宣传、传单、墙报、漫画、图片展览、游行、歌剧和新编潮州歌册等，这些活动内容通俗易懂，扣人心弦，一时家喻户晓。

在宣传、动员、组织工作中，外砂青抗会还充分利用学校及夜校识字班等阵地开展工作。青抗会会员把树立爱国思想、提高民族觉悟和提高文化知识水平结合在一起，教育面普及到农村青壮年及家庭妇女。

为了建立自己的武装队伍，1939 年 3—4 月，汕庵区委着手在汕头市郊金砂乡等地组建工农武装队伍。自抗战以来，金砂三房公祠堂成了周礼平、陈良非等人在此宣传抗日救国的活动地点。在周礼平等人的宣传发动下，组织起金砂乡青年抗敌同志会。外砂乡下蔡村爱国青年蔡子明、李克干于 1939 年初参加了汕头青年抗敌同志会，被分配到汕青抗下乡第四工作队。

周礼平等人为建立起工农武装，还利用办夜校等方式，吸收农民和码头工人参加学习，继而以夜校学员和青抗会会员为主体，组织了一支40多人的金砂乡工农抗日自卫队。因金砂乡是汕头市郊战略要地，也是直接支援驻军抗敌的地方，党组织抽调了富有斗争经验的军事干部黄玉屏、冯志坚到该乡协助训练这支队伍。当时，汕头郊区的金砂、充公、新港、纪厝沿海一带，由国民党保安团第五团第三营驻防，营长李平黄埔军校出身，是个有强烈的爱国主义思想和民族意识的军人。由于冯志坚也是黄埔军校毕业生，青抗会由冯志坚出面对保安团金砂乡驻军做统战工作，受到保安团营长及连、排下级军官的尊重。金砂乡工农抗日自卫队的训练因而得到他们的大力支持，营长李平派驻金砂乡的排长陶泽民协助军训。

金砂乡工农抗日自卫队与乡青抗会则发动乡民，帮助驻军构筑工事进行备战，密切了军民关系。后来，汕头战事爆发时，金砂乡青抗会向当地驻军争取到20多支步枪和一批子弹，武装了自己，成为中共潮汕地方组织建立的抗日游击队。因日军大举进攻，为避免人员伤亡，金砂乡青抗会被迫转移到桑浦山，与汕头市青抗会各路人员会合，组成一支游击队在饶平黄岗一带从事抗日活动。7月，按照闽西南边省委指示精神，"为取得抗日武装队伍的合法地位和解决给养问题，在保证共产党的领导和队伍的独立性以及不调出潮汕等原则下，可以利用国民党的番号，在它的指挥下作战"。后经国共双方谈判，汕青抗武装大队改名为中国国民革命军陆军独立第九旅游击队，人员来自市（郊）及邻近潮属各县。

同年，潮澄饶中心县委机关迁往隆都南溪，直接领导各区委。同时，撤销澄海中心区委，成立澄海二区委，重建汕庵区委，书记周礼平。汕庵区委辖汕头市、庵埠和周围各乡，以及澄海三区新津河以西的渔洲、官埭、金砂一带。龙湖群众对此积极拥护，响应热烈。其中的外砂乡便以蔡子明、李克干等人为主组建了敌后武装小分队，主动开展各项锄奸、除暴等对敌斗争，形成了潮汕地区（含龙湖区）抗日斗争的新高潮。

二、下蓬区青抗会成立

1938 年，全面抗战正式爆发的第二个年头，汕头各地呼吁抗日的声音日益高涨，各界进步人士纷纷自愿加入到宣传、发动和捐款捐物支援抗战前线的行列之中。一些不愿做亡国奴的热血青年，对国民党消极抗战的投降政策非常不满，积极响应中国共产党提出的建立抗日民族统一战线的口号，自发组织，进行抗日救亡运动。同年 1 月，汕头青年救亡同志会正式改名为汕头青年抗敌同志会，简称"汕头青抗会"。青抗会以延安的抗日军政大学校训"团结、紧张、严肃、活泼"为会训，以苏联的《青年团员之歌》为会歌，口号是团结各阶层群众，形成了广泛的抗日民族统一战线。

根据形势需要，杜伯琛派陈曙光到下蓬组织成立下蓬区青抗会。下蓬区青抗会根据自身建设，组织会员学习革命理论。如毛泽东的《论持久战》刚一发表就人手一册，认真学习，使会员的政治思想、文化理论水平和工作能力有了较快的提高。

下蓬区青抗会刚开始设立在原密林文艺研究社旧址，后来，由于原来的密林文艺研究社前期影响过大，"树大招风"而招惹国民党当局的注意，经常受到一些不三不四、面目可疑的人员的骚扰和窥探。为确保青抗会工作顺利进行，下蓬区青抗会领导经研究决定将活动地址改至风伯公宫附近的林氏基德祠。

为做好国共合作这篇文章，下蓬区青抗会坚持独立自主的抗日民族统一战线的方针，采取"发展进步势力，争取中间势力，反对顽固势力"的策略，掌握"有理、有利、有节"的斗争原则，主动积极地开展工作。对国民党地方党政上层人物，主要是通过各种渠道的接触和了解，掌握基本情况，有所区别，进行统战工作。

下蓬区青抗会主要是采取两种方法：一种是固定的，在各工作队或区分会周围开展经常性的宣传工作，以及分布于各地任教的青抗会会员利用校内外阵地对学生及周围群众进行宣传教育。另一种是流动的，即通过组织各种工作队分赴城乡巡回宣传。他们一方面利用贴标语、编歌曲等形式，揭露日军的残暴罪行，激发群众同仇敌忾，对抗日军；另一方面，他们劝说地方开明绅士起来抗日，搜集民间枪支，支援抗战前线。

在抗日救亡的宣传活动中，青抗会骨干林坚（林铿）等人还巧妙地运用潮汕人民普遍喜闻乐见的灯谜形式，将坚持抗日救亡的道理制成通俗易懂的灯谜，利用民间各种节日或集会进行巡回展出，使抗日救亡的道理家喻户晓，极大地鼓舞了潮汕人民抗战到底的信心。

1939 年 6 月 19 日，国民党广东省政府解散青抗会的命令已经到了各县，因 6 月 21 日日军进犯汕头，而被搁置起来。为了防止国民党顽固派借机向青抗会予以打击，闽西南潮梅特委明确指示汕头各地（区）青抗会的工作，一方面是继续搞好上层统战关系，争取合法化；另一方面是加强对青抗会会员的教育，按照不同爱好和要求，利用农村的闲间、守青寮等为活动阵地建立各种研究会、歌咏会、体育会、拳馆等组织，化整为零地树立牢固的群众基础。1939 年底反共高潮到来之后，国民党潮汕当局即先后胁迫解散各抗日组织。潮澄饶中队于 1940 年 2 月下旬被迫解散，下蓬区青抗会的骨干也调离转移。

下蓬区青抗会在历时三年的战斗中，以公开合法的形式大张旗鼓地宣传党的主张，贯彻党的抗日民族统一战线，通过一系列的宣传发动，唤醒了民众，提高了民众的民族觉悟，努力实现党所提出的全面抗战方针，大大提高了中国共产党在各党派、各阶层及人民群众中的威望。同时，在实际工作中培养、锻炼了一大批青年骨干，不但对党的建设起着重要作用，而且为后来的革命斗争创造了必要条件，对推动下蓬区革命形势的发展功不可没。

三、处决叛徒姚铎

1944 年冬，日军企图打通广汕线，巩固广州外围，向潮汕腹地进犯。从是年 12 月至翌年 2 月，先后攻占揭阳、普宁、惠来等县城。铁蹄践踏乡土，群众深受其害，人民抗日情绪高涨，斗争此起彼伏。至此大规模开展抗日武装斗争的时机已经成熟。

同年 9 月，潮梅特委留守机关接到中共中央指示，迅速恢复组织活动，以配合全国各敌后抗日根据地向日军展开反攻。

就在恢复组织活动和组建公开的抗日武装队伍之际，姚铎在重庆叛变投敌。姚铎系澄城人，原任中共潮梅特委书记，后再任中共南委秘书长。1942 年"南委事件"后，转来潮汕隐蔽。1943年 3 月组织决定调他去新四军工作，在汕等待船期，后因战事影响中止。时潮汕地区党组织处于暂停活动的非常时期，斗争环境恶劣，在严酷斗争中，姚铎思想动摇，对革命丧失信心，生活腐化堕落，经常与一些不三不四的人鬼混，经组织批评教育无效。是年冬，潮澄饶党组织接到姚铎调往重庆的通知。1944 年春由吴南生监护姚铎同往重庆八路军办事处招待所（即中共中央南方局招待所），准备转延安学习教育，在这期间，姚铎竟投靠国民党中统特务组织并被派回揭阳，阴谋建立"中国共产党中央非常委员会"这一特务机构，并利用这一机构混淆和搅乱着党在当地的正常工作，对当地党组织构成较大的威胁。根据南方局的指示，在原中共潮梅特派员林美南直接领导下，潮澄饶和揭阳县党组织紧密配合，组织了两次惩治叛徒的行动。

第一次在 1944 年 8 月下旬，周礼平在余厝洲召开敌后武装基干小组会议，选定蔡子明等 5 人组织行动小组前往执行任务，在当地党组织的领导下于中秋前夕将姚铎枪击于住处。由于姚铎狡猾装死和武装人员缺乏经验，姚铎虽中弹而侥幸未死。20 多天后，姚铎伤愈出院，气焰极为嚣张，声言："我陈庆宇（姚铎本名）没有死，试看有多少人将死于我手！"国民党顽固派在揭阳逮捕"可疑分子"3 人，还布置便衣敌侦，企图借机搜捕周礼平等潮汕地区的革命领导人。

1944 年 11 月上旬，周礼平部署第二次惩处姚铎的行动，指定先后担任武装小组组长的陈应锐和李亮执行任务，决心"以二换一"来保护整个潮汕地区党组织。陈、李也表示"姚铎不死，决不生还"的决心。事前，党组织将女共产党员陈某某安插到姚铎身边当内线，以便配合行动。在地下党组织的紧密配合下，11 月 12 日，姚铎终于由陈某某引至揭阳商业学校门口，陈应锐见机会已到，立即拔枪射击，击中姚铎的虎口，打第二枪时子弹卡壳，姚铎见机向陈应锐夺枪反扑，李亮持枪猛冲过来，姚铎旋向商校内逃命。李亮急步勇追，并开枪射击，姚铎连中 3 枪未倒，窜入商校内一间厨房，企图关门逃匿，李亮赶上一脚踢开房门，又一枪击中姚铎的下颚毙其命。鉴于上次的教训，李亮再补上一枪，陈应锐怕姚铎再次装死，坚持至尸僵才撤退，因而耽误了时间，撤至城外渡河时已遭国民党揭阳民团自卫队重兵追捕，陈应锐为掩护李亮脱险，壮烈牺牲。李亮几经周折，隔天才离开榕城镇，绕道回余厝洲向党组织汇报执行任务经过。处决姚铎，不仅消除了隐患，使党组织安全得到保障，而且对国民党特务机关起到较大的震慑作用。

第二节 龙湖各地的抗日斗争

　　中共潮澄敌后县委成立后，龙湖党组织的敌后抗日斗争受其统一指挥和领导。这些组织在艰难困苦的敌后根据地坚持斗争，并努力发展群众，为抗战储备力量。外砂下蔡村的蔡子明、蔡秋林利用该村进步人士蔡顺宜家进行活动，大衙村利用沈楚湘的"大夫第"进行活动，林厝村成立区委临时组织联络点等，这些星星之火，遍及潮汕。

　　由于敌众我寡，龙湖区的抗日斗争经常是以地下的、隐蔽的形式进行。地方抗日组织以桑浦山、大南山等抗日根据地为依托，利用学校、田间地头、进步人士家中对群众进行抗日宣传活动，开展顽强不屈的敌后斗争。地方抗日组织在日伪军严密封锁控制下，继续领导党员和群众战斗在敌人的心脏，机智灵活地宣传中国共产党、人民军队在各条战线上的抗日战绩，大大鼓舞潮汕军民的抗战热情。同时，通过各种途径收集敌伪在地方上的政治、经济、军事等情报，及时向上级党组织汇报，在敌后斗争中发挥了重要的作用。

　　1939年6月，国民党广东省政府解散青抗会的命令下达到各县，原因是"各地异党活动极其猖獗"，并责令各地政府督查并定期解散之。鉴于形势逆转，党组织进一步有计划有策略地部署撤退和停止青抗会活动。随着8月澄海青抗会根据闽西南潮梅特委指示精神，发出了《为抗议迫害解散澄海青抗会，敬告全县各界人民书》，阐明澄海青抗会（包括外砂青抗会）的立场是：为负救国责任，维护国共合作，团体可灭，敌忾不忘，且将再接再厉，一本纲领奋斗到底的精神。至此，外砂青抗会各主要骨干均已有计划、有步骤地调离、撤退、隐蔽或转化。一些骨干也转入抗日游击小组、读书会或以教师的身份进行秘密活动。

1942 年 4 月，由于叛徒出卖，中共汕头市委书记蔡自强（耿达）等 10 多人被捕，除经营救、保释成功的郑英杰等人外，蔡自强与其妻马雪卿等被日军杀害于郊区一带，龙湖地下党组织被迫暂停活动。

9 月，中共汕头市组织鉴于中共南方工作委员会机关 6 月份被特务机关破坏的情况，执行中共中央南方局关于"隐蔽精干、长期埋伏、积蓄力量、以待时机"的斗争方针，暂时停止活动。

外砂、新溪、下蓬、官埭等乡的党组织也由此进入更加隐蔽、更加秘密的"伏蛰"阶段。在这一时期，明显的抗战活动虽然减少或消失，但地下党组织依然利用各种条件，组织、宣传、隐蔽输送人员上凤凰山革命根据地。进入抗战后期，日伪为做最后挣扎，加紧对百姓的盘剥，汕头及龙湖等市区连年灾害不断，疫病横行，龙湖百姓饱受蹂躏。

在敌占区的后期战斗中，龙湖人民的武装力量基本上都采取袭扰和敌后破坏的战略，以自身微薄的力量牢牢地牵制着大批汕头驻地的日军不敢轻举妄动，不能放心地将部队调到其他战场去。

1945 年 8 月 15 日，日本宣布无条件投降，中国的抗日战争取得完全胜利。9 月 15 日，潮汕各地日本军队缴械投降后被安置在外砂等集中营，听候整编。9 月 28 日，国民革命军十二集团军中将副总司令徐景唐在汕头市区主持接受日军投降仪式，日军二十三军团司令田中久一中将委托其代表富田直亮少将在投降书上签字。

汕头各地人民纷纷走上街头，欢庆抗日战争胜利。

抗日战争的胜利彻底打败了日本侵略者，捍卫了中国的国家主权和领土完整。它洗雪了鸦片战争以来中国人民受帝国主义奴役和压迫的耻辱，极大推进了中国革命的历史进程，为中国新民主主义革命的最后胜利奠定了坚实的基础。

在抗日战争中，龙湖区内较为知名的抗战根据点有如下几个：

一、下蓬青抗会活动地址——林氏基德祠

林氏基德祠位于鸥汀乡风伯爷宫附近。

1938 年，全面抗战正式爆发的第二个年头，汕头各地呼吁抗日的声音日益高涨，一些不愿做亡国奴的热血青年，积极响应中国共产党提出的建立抗日民族统一战线的口号，自发组织，进行抗日救亡运动。同年 1 月，汕头青年救亡同志会正式改名为汕头青年抗敌同志会，简称汕头青抗会。汕头青抗会成立后，下蓬区青抗会也在原密林文艺研究社旧址成立。后来，由于原来的密林文艺研究社前期影响过大，青抗会怕树大招风，招惹国民党当局的注意。为确保青抗会工作顺利进行，下蓬区青抗会领导经研究决定将活动地址改至风伯公宫附近的林氏基德祠，主要骨干人物有林铿、黄大星等。

1939 年底反共高潮到来之后，国民党潮汕当局即先后胁迫解散各抗日组织。潮澄饶中队于 1940 年 2 月下旬被迫解散，下蓬区青抗会的骨干也调离转移。

二、汕庵区委地址——海利杂货店

海利杂货店位于汕头市龙湖区鸥汀街道陈厝寨社区翁厝内。

1939 年 7 月上旬，为了适应抗战形势的发展，配合中共潮澄饶中心县委的指示精神和斗争方针，中共澄海中心区委为开展、

发展敌后缓冲区工作，派陈培志、陈锐志、李习楷等 3 人回一区活动，重新调整了一区委的组织工作，由陈锐志任书记（陈培志调汕庵区，着手准备重建汕庵区委工作），李习楷、曾舜英分任组织、宣传委员，地址设于上中区东林头。随后，区委迅速恢复各支部活动，妥善安置回家的少工队员和青抗会员。

1940 年 2 月，鉴于日军的猖狂进攻，为了保护地下党的领导机关，中共潮澄饶中心县委机关迁到隆都南溪，直接领导各区委。同时，中心县委决定撤销中共澄海中心区委，重建汕庵区委，辖汕头市区及澄海县的下蓬、渔洲、官埭、金砂，潮安的庵埠乔林等中共地方组织，借此以沟通连接潮安、汕头、澄海各地的抗日武装，使地方的抗日力量团结在一起，同时也便于党对各地抗日队伍的统一领导。汕庵区委成立后，书记由周礼平兼任，委员有陈培志和陈定中（陈海），区委地址设于下蓬渔洲陈厝寨。

重建的汕庵区委的主要工作任务：一是派骨干回敌后及缓冲区开展工作，并就此开展工作情况及时向中心县委汇报；二是加强工作队伍建设，继续深入开辟山区、乡村的敌后抗战阵地；三是进一步搞好统战工作，积极争取打入地方自卫团队，教育士兵，增强抗日意识，争取多方面的抗日力量。

为掩护区委工作，汕庵区委在陈厝寨开了一间小店，铺号海利杂货店。店主老陈（陈定中，时化名陈海），店里有两个伙计，一个是"堂弟"阿五（陈应锐），一个是"姻弟"阿茂（陈作茂）。陈定中住在海利杂货店里。陈培志住在汕头市区，负责区委与中心县委的联络工作。

1940 年春，由于日伪对占领区的统治日趋严酷，加之各地生产渐趋凋敝，市区不少商户因而关门倒闭，陈厝寨一带的生意也随之寂然，这使区委与外界的联系的隐蔽性大大减弱，从而严重威胁到地下党及区委同志的安全，鉴于这一形势变化，为更好地发挥区委与上级的通联作用，保护区委安全。同年 5 月，汕庵区委经上级批准，迁往汕头市桂馥里，利用市区鱼龙混杂的有利条件，继续开展工作。陈厝寨工作遂告结束。

三、下蔡地下党组织联络点——下蔡村蔡顺宜家

该址位于汕头市龙湖区外砂街道下蔡村东巷 13 号蔡顺宜家。

1939 年，潮汕的抗战处在异常艰难的时期，这里就是地下党组织的秘密活动场所之一。韩江纵队领导陈焕新、李克干、蔡子明、蔡秋林等人经常到蔡顺宜家开会、研究抗日有关工作等，此处不仅是革命人士逃避日伪追捕的场所，也是地下党组织的联络点。下蔡村本土革命人士蔡子明、蔡秋林也在这里秘密组织并成立了上蓬区第一支抗日武装队伍。

蔡子明，别名柴鼻，1922 年出生于外砂下蔡村（中华人民共和国成立前为澄海金砂乡和美里）。曾在蓬中竞智小学就读高小，班主任为进步教师王亚夫。在校期间，曾在学校的进步刊物《熔炉》上发表过习作。

后来，蔡子明离开竞智小学，在新溪下三合乡当小学教师，继续宣传革命思想，发展、团结进步人士。1937 年卢沟桥事变后，蔡子明辞去教师职务，到各地联络、寻找革命志士、进步青年，宣传革命道理。

1939 年初，蔡子明参加了汕头青年抗敌同志会，被分配到汕抗下乡第四工作队，并积极参加位于外砂蓬沙书院的外砂青抗会组织的活动工作，同年光荣地加入中国共产党。

1940 年，蔡子明参加潮澄饶敌后武装小组，积极发展进步组织和开展党组织活动。是年秋天，他在下蔡村蔡顺宜家建立起一个领导干部临时掩护点与武装活动转移点，同时配合敌后武装小组在外砂一带开展活动，发展壮大革命队伍。

　　蔡子明组建抗日武装小组后，善于对主客观条件进行全面分析和估计。他估计在主观方面，虽然敌我力量悬殊，但日伪顽的暴行丧失民心，失道寡助，而党领导的抗日武装则为正义之师，顺乎民意。同时，日伪顽匪等各种反动武装也有不少矛盾可以利用，化阻力为助力，掩蔽队伍的活动。在客观环境方面，外砂虽无高山密林可掩护来开展游击战争，但地处韩江下游三角洲的潮澄饶平原地带，河汉交错，限制了敌人的通信联络及兵力调遣速度，且有许多坡地、河滩的果园、甘蔗地等"青纱帐"可作为游击活动的掩蔽所。因此，蔡子明在这一带开展活动，对武装队伍进行思想整顿和组织扩充，原则上坚持短小精悍、机动灵活的组织方式，以"灰色面目"出现。接着，根据形势发展的需要，武装小组成员少数人员脱产并集中住宿，大多数不脱产分散居住，有任务时奉召集结，在敌后神出鬼没地开展活动，成为当地赫赫有名的抗日游击小分队。同时，在澄海各地党组织的大力支持下，游击小分队的人员逐渐增加，活动区域也继续扩大。

　　郑菊人在潮汕沦陷前夕就被日本间谍收买充当汉奸，暗中向日方提供南港地图及澄城、梅溪驻军情报，引狼入室。沦陷后出任日伪冠山乡维持会会长，深得日伪赏识，发给他一把"太阳旗"扇子作特别通行证，可出入日军澄庵警备司令部。"韩东郑菊人，韩西陈之臣"都是"名噪一时"的汉奸。郑菊人在乡里横征暴敛，并向日军告密围捕地下党员郑松涛（未遂）；不久，郑松涛在莲阳被捕，郑菊人更在日寇面前肆意陷害。党组织决定予以惩处，1940 年 8 月，敌后武装小组五六人由蔡子明带领，在该乡地下武装配合下，于上午 8 时直趋乡维持会会址郑厝祠将郑菊人击毙，并以"灭倭锄奸团"名义在该乡通衡陇巷乡贴布告，宣告郑菊人罪证，然后安然撤退。此举在沦陷区震动颇大，对日伪汉奸是一次沉重的打击。

日军占领澄城后，以莲阳河为界，封锁交通，派密侦、伪警察把守渡口，盘剥行人。洪渡口是横陇通店市的重要渡口，经常有密侦人员出没其间，为非作歹，对地下党活动造成威胁。武装小组摸清其活动规律后，于1940年冬的一天下午，由李朝道、蔡子明等5人装扮成商贩前往锄奸，哨站密侦队员正想动手搜查，李朝道等乘其不备拔枪射击，当场击毙2名，伤1名，缴获短枪2支，并以"关爷宫三结义"名义张贴布告，警告汉奸密侦队不能无法无天，残害百姓。群众拍手叫好。

华富乡是澄海党组织活动点之一，且靠近交通要道，该乡日伪乡长陈富泉是土匪"贼仔河"的儿子，横行乡里，被称为"陈家三虎"。陈任伪乡长期间，与澄城、埔美、莲阳等地日伪劣顽互相勾结，狼狈为奸。在郑菊人和洪渡口密侦队被惩治之后，仍变本加厉监视威胁隐蔽在该乡的共产党员。1942年秋，武装小组派蔡子明、李朝道等8人前往执行任务，将陈富泉当场击毙。为保住这个地下活动点，党组织决定在该乡建立"白皮红心"政权。经过一番筹划与各方面的周旋，终于在1942年秋冬，把接任的伪乡长林清允赶下台，而布置原青抗会骨干和党员取而代之。但在反动势力联合进攻下，林清允重新上台，竟处处与共产党人作对，向日军告密并捕杀共产党员陈耀芝于官湖，还扬言是"杀鸡儆猴"，迫得在该乡的共产党员难以立足。1943年夏，武装小组化装成日伪警察和密侦队员，声称"奉县政府命令前来办案"，由陈应锐带领10多人到该乡乡公所，收缴乡公所步枪10余支，将林清允拘押至冠山洲园处决。

汕头市永和街南泰行老板杜以南，是一个勾结日本洋行走私钨矿大发国难财的大汉奸，武装小组准备捉他罚款，并事前进行跟踪侦察。1943年初秋，武装小组组长陈应锐带领李亮、蔡秋林等4人化装成日伪密侦队员，于傍晚时到杜家，直上三楼出示

"手令"，将其强扭下楼，杜竟抗拒"传捕"，并由其家人偷偷从后门前往附近伪警察局报信。10多名伪警闻讯前来，武装小组与杜拉扯近半小时，发觉情况有异，即随机应变，着令杜翌日前往司令部报告，并主动撤离。但伪警已紧追而到，只得回头应付，拔枪相向，敌人不明底细，恳请说清是哪个"部分"的，好让他们回去交差，李亮拉长音调声称"粤东司令部"，并叫来4辆黄包车，坐上后扬长而去。这次行动虽未达到目的，但敢于在白天进入汕头市中心捕人，进退自如，显示了武装小组战斗力及斗争艺术的提高。

就这样，敌后武装小组在地方党组织的领导下，采取灵活机动的战术，通过扮成日伪警察、密侦队员、"和平军"，采取强缴枪械、没收浮财、捉人罚款等斗争方式，大小行动数十次，先后共收缴长短枪100余支，黄金180余两，还有一大批外币、现金以及军用物资等，除留下小部分作武装队伍给养外，绝大部分缴交上级，转送闽西南潮梅特委机关。而运送物资的任务又落在武装小组人员及其地下交通员身上，他们肩挑百数十斤，翻山越岭，日夜兼程，全程200余里，历经日伪顽哨站10多处的搜查盘问，应付突如其来的敌情，凭借一片赤胆忠心，机智勇敢，沉着果断，化险为夷，顺利完成任务。同时，在斗争中锻炼造就了一批素质较高的军事骨干，为今后的武装斗争进一步开展打下基础。

1945年春，为扩大政治影响和筹集枪支，潮澄饶县委经研究决定攻打彩塘伪警察署。事先派陈锐志以卖旧衣为掩护多次到该地侦察，然后由集体讨论制定了利用敌人傍晚放松警戒的机会发起突袭的作战计划。5月6日傍晚，敌后武装游击小队30多人在冠山、龙田等乡村地下秘密游击小组的配合下，从余厝洲出发到达目的地。然后兵分两路，一路由许杰带领，化装成押送"民工"的"和平军"，迅速解除了伪警察署武装；一路由蔡子明、李亮带领，化装成"和平军"押送"民工"，直指伪联防队、区公所，是役缴获轻机枪 1 挺，长短枪 40 余支，子弹及其他物资一批，并以"潮汕人民抗日游击队"名义散发传单、高呼口号，在暮色苍茫中从容撤退。缴获枪支物资由梅州游击小组接到当地保管。奇袭彩塘这一爆炸性行动，震动了潮汕沦陷区的日伪，也急坏了国民党当局。各地日伪有如惊弓之鸟，为加强防范，每日傍晚即封锁重要通道，断绝行人往来。敌后武装游击小队决定趁热打铁，袭击潮安护堤公路中段的东凤集镇。事先通过当地党员调查情况，并派侦察员进行实地侦察，抓住敌人每天傍晚就戒备森严，早晨就以为万事大吉的薄弱环节制订具体行动计划。6 月 19 日清晨，敌后武装游击小队化装成赶集群众进入市场，假装有要事找伪黄姓的巡官而逼近警所岗哨，乘其无备解决哨兵后，控制厢房，活抓伪警所长郭汉城及和他同住的伪税征处主任，大部分伪警也成为俘虏。此役缴获短枪 3 支，长枪 25 支，子弹 2 万余发，警服等物资一批。接着在市场召开群众大会，宣布郭汉城为虎作伥、残害人民的罪状，就地正法，伪税征处主任被击毙在韩江边，其他俘虏经教育后释放；将缴获衣物分给群众，当众烧毁税征处簿籍，并散发传单，然后按原部署从容撤退。

1945 年 4 月清明节前，潮澄饶县委在冠山举办第一期武装干部训练班，从不脱产的抗日游击大队中抽调 20 个骨干受训，由陈维勤、蔡子明、李朝道主持讲课。5—6 月，周礼平与在潮揭丰一带主持梅北工作的钟声接头，听取钟声传达林美南关于武装斗争的指示后，在樟籍召开潮澄饶县委会议，传达中共广东省临时委员会关于潮汕地区游击队伍番号为"广东人民抗日游击队韩江纵队"及潮澄饶地区组织韩江纵队第一支队，这支队伍将在潮揭丰边山区开辟游击根据地，作为大南山根据地的卫星点、牵制地带的决定。会议对武装队伍领导骨干作出具体安排，拟任命蔡子明为韩江纵队第一支队长。

1945年7月，蔡子明带领游击队攻打日伪驻饶属下寨保安中队一个分队，拟为队伍筹枪。十五乡下寨处于日伪军的前沿阵地，驻饶平县杨之在保安中队的一个分队，配备勃朗宁轻机枪和捷克造马枪，是当时日伪军的一个重要据点。为摸清情况，党组织布置出任南美乡伪保长的陈端伟，故意拖久派款，3次被伪驻军扣留禁闭，乘机察看内情并绘制地图，决定乘下午驻军集中吃饭时进行奇袭。18日，武装队伍由任正副指挥员的蔡子明、李亮带领攻驻军营地，武装领导小组成员许杰等人负责外围警戒及狙击援敌。由于袭击彩塘、东凤等地都旗开得胜，指挥员产生轻敌麻痹思想，指挥员蔡子明在进攻队伍尚未全部到达目的地时就预先冲入敌营，并且有敌人武装尚未收缴之前就喊话宣传，忽遭敌一副分队长暗算中弹牺牲。敌乘隙持枪反抗，火力封锁大门，游击队后援部队接援不上，强攻不下，队伍只得撤退，时附近的日伪驻军闻讯，即出动鸣枪进行夹击。余福坤闻讯即派出队伍协同攻击下寨附近的伪军，帮助掩护敌后抗日游击小队安然撤退。攻打下寨失利后，南美、三洲、西陇一带的地下党因暴露身份，只得迅速调离。

蔡子明牺牲时，年仅24岁。

自从敌后抗日武装小组成立以后，武装斗争活动便正式较具规模地开展。作为敌后武装小组活动点的蔡顺宜家，成为当时领导机关所在地、军事行动指挥中心和武装队伍的集结地。

蔡顺宜、李克干等进步青年也在蔡子明、蔡秋林等的影响和带动下参加革命，先后成为中共地下交通部的交通员及澄南武工队、海滨武工队队员。后李克干、蔡顺宜等人奉命到泰国开展联系抗战工作，外砂解放后，回到当地主持接收工作。

四、中共澄海区委成立处——林厝村"深祖家塾"

该址位于汕头市龙湖区外砂街道林厝村"深祖家塾"。1945年7月下旬，为适应日益发展的地下武装斗争，加强对澄城及其附近革命力量的领导，中共潮澄饶县委在外砂街道林厝村"深祖家塾"内（高修一故居），成立中共澄海区委。书记庄明瑞，林派杰负责组织工作，温锐之负责宣传工作，余锡渠负责民运工作，辖苏南、苏北、上中、澄城及外砂一带。

高修一系庄明瑞的妻子，1923年在林厝村出生，10多岁时在村里高厝祠读书。高修一在丈夫的影响下，于1938年与其姐高梧清（新中国成立后曾任北京市宣武区政协副主席）参加中国青年抗日联合会，并开始参与中共地下工作，1939年加入中国共产党，后离开该处到凤凰山参加革命。

深祖家塾（陈扬供图）

4

第四章

解放战争时期

第一节 粉碎国民党顽固派的"围剿"

龙湖地下党组织为配合潮汕解放战争和准备接管汕头市,通过各种关系,多渠道地从各个方面开展社会调查,搜集情报,开展各条战线斗争。党组织面临严峻局面,根据上级指示,经过分析研究,确定在工作中利用当地封建势力与日伪顽的各种矛盾或关系为保护伞,打入国民党管教养卫部门,掩护党的秘密活动。派干部深入虎穴,掌握情报要害部门。汕头市党组织注意选派与敌方有关系的人员打进去,千方百计搞情报。

此外,工作团和情报站,还先后直接或间接地策反了一批国民党官员和其他人员起义,其中有国民党汕头市党部执委、第七区专员公署科长、三二一师少校副官、汕头水上警察分局局长、南山管理局科长、澄海谍报队员等人,他们为汕头地下党送来了不少情报。

1947年秋,中国人民解放军已转入战略反攻,并迅速把战争推向国民党统治区。蒋介石在此形势下,派出宋子文主粤,加紧了对华南各革命根据地的"围剿",妄图借华南地区作为其内战的基地。同年,国民党三一二师少将师长喻英奇到潮汕任第五"清剿"区司令兼第五行政区督察专员和保安司令。

喻英奇到任后,即召开全区"绥靖会议",成立"潮汕戡乱设计委员会"。同时强化反共机构,统一各地"剿共"的军事指挥。

为了对付这一严峻形势，潮澄饶党组织根据上级的指示，加快发展武装队伍的步伐，并在反"围剿"的斗争中，确定了"避实就虚、避强就弱、避大就小""以分散对集中、以集中对分散"的战术，继续展开外线作战，进一步沟通山地与平原的联系。同时，利用小股部队力量配合当地民兵，利用熟悉地形的有利条件，与敌周旋，寻机歼敌，在条件于我有利的情况下，歼灭敌人部分有生力量；在条件于我无利的时候，则采取隐蔽斗争，为龙湖全境的解放聚积力量。

一、澄海武工队的成立

1949 年春，为适应解放战争形势的发展，打开潮澄饶平原斗争新局面，中共潮澄饶县委决定从平原突击队调离余锡希、李世平、许乔裕等一批骨干，以秋隆武工队为基础，组建了十五乡、隆都、澄北、澄南、铁路等 5 支武工队，在盐鸿、溪南、苏南、上中、附城五乡、坝头、上蓬、下蓬、金砂等地活动。澄南武工队于同年 2 月，由李世平在冠陇乡卢作奎家主持组建。队长李世平（不久由许坤炎接任，4—9 月由卢作奎接任），队员有卢作奎、许守介、林锦荣等 3 人。澄南武工队的活动范围从韩江支流莲阳河以西至汕头市郊区金砂乡，韩江以东至滨海。这里从大革命时期就有党的组织，群众基础较好。中共澄海县组织经过分散隐蔽，度过艰难岁月，恢复了武装斗争。在这里的冠陇（冠山）、龙田、华富（下布）、长塘（下陈）、信宁、外砂、大衙、金砂等乡村建立和恢复党组织活动，开展武装斗争，有力地支援凤凰山根据地的拓展，粉碎敌人的"绥靖""清剿"。澄南武工队建立后，以上中的冠陇、夏塘、上边、东林头作为活动基点，不断扩大活动空间，活动范围很快扩展到坝头、新溪、外砂、下蓬、金砂一带。1949 年 4 月，中共韩江地委为适应山区和平原工作的开展，做好迎接南下大军和建立地方政权的准备，撤销中共潮澄饶平原县委，分别成立中共澄海县委和潮安县工委。澄海县委组建后，一方面抓紧建立健全区级机构，另一方面抓紧发展武装力量，壮大武工队伍。中共澄南区委就在这一情况下成立起来的，辖冠陇、龙田、信宁、夏塘、外砂等地的党组织。在中共澄南区委的领导下，武工队不断壮大，队伍人数从建队时的 3 人，至 7—8 月增加了陈平、蔡瑞松、蔡鹤寿、洪炳玉、蔡华、李迪、蔡顺宜、黄庭辉、陈木河、陈镇良、亚河、蔡开龙等 15 人。同年 9 月初，为加强附城五乡至坝头一带的领导工作，区委决定从澄南武工队中抽调卢作奎、李通、黄庭辉、蔡顺宜、蔡华、陈木河等 6 人，组成海滨武工队，队长卢作奎，澄南武工队由陈树人负责。为进一步加强党对武工队的领导，澄南武工队于 1949 年 8 月 12 日建立党支部，书记卢作奎，党员有林锦荣、黄庭辉等 3 人。后又吸收蔡鹤寿入党，党支部成为开展地下武装斗争的坚强堡垒。这支工作队经常整合主力作战，带领民兵袭击敌人据点，出色完成上级交给的宣传动员、筹枪、供粮、接送兵员、除奸肃敌、做好统战工作、建立革命基地等任务。

1949 年 3 月，潮澄饶平原县委决定袭击汕头市郊的国民党鸥汀警察所，便先争取了鸥汀税务所的职员为内线，对警察所进行详细调查。县委副书记余锡渠和平原突击队、澄南武工队，一起根据情报确定了行动方案。3 月 19 日晚，由余锡渠带领突击队、澄南武工队部分队员，从大衙出发，于深夜 12 时到达鸥汀。队伍从警察所驻地证果寺后面搭人梯攀登，由队员朱裂翻过围墙开了门，10 多名突击队、武工队队员摸进警察所房间，10 多名警察在梦中被俘，所长在家住宿而被漏网。这次突袭共缴步枪 16 支。此仗正面打击了敌人的气焰，较好地配合正规部队进攻汕头，从而为解放全潮汕奠定了坚实的基础。

二、大衙地下民兵活动场所

大衙村在大革命时期和抗日战争中后期就是中共地下组织的一个重要活动点，群众基础好，被地下工作人员称为"总统村"。

1949 年秋，随着国内三大战役的胜利结束，国民党在大陆的颓势日渐显露。由潮澄饶县委领导的上蓬区、下蓬区地下民兵组织在此形势下有着很大的发展，大衙村的地下民兵更是活跃。他们为中共地下工作人员和武工队提供粮食、驻地，配合武工队开展武装斗争活动，在护送学警中队卓积基起义部队上凤凰山革命根据地、传递各地下党组织打入敌人的内部所获取的各种情报等活动中，大衙地下民兵发挥了非常重要的作用。

据统计，当时大衙村的地下民兵有近 100 人。

大衙地下民兵在解放战争后期发挥着巨大的作用，比如充分发挥有利条件，在积极打击敌人的同时，还秘密组织策动敌方人员秘密起义，利用他们职业身份为地下党提供情报和做事。如汕头警察所巡官莫胜春，秘密起义后仍留在敌人内部为地下党做事。莫胜春除了把揭阳、潮阳内陆及水运敌情告知地下党外，还利用其身份护送过往同志，传递文件及宣传品，如潮汕地委《团结报》和宣传品，被装在布袋贴上警察所的封条带来汕头，并通过地下交通线从汕头运往外砂及澄海各地，成为潮汕革命党人的另一条沟通渠道。

同时，地下民兵积极配合上级领导争取一切可争取的力量，为潮汕的解放事业贡献力量。又如国民党汕头市政府户籍科事务员陈士美（曾参加过中共）经联络与教育后，除多次为地下工作者做身份证，为出入汕头市的同志提供便利条件外，还及时提供敌方要查户口的时间、地段等情报，使地下党及时做准备或转移。她还把国民党汕头市党、政、军要员的住址提供给中共组织。国民党汕头军事构筑委员会委员兼构筑组长陈遇南，秘密起义后将汕头市军事战备图献出，使上级党委对敌军事设施及兵力部署了如指掌。敌联勤总部汕头港口办事处上尉联络官林本立起义后，经常提供汕头市沿海军运情报，使指挥机关能及时掌握敌军动向。位于凤凰山革命根据地的韩江纵队由大衙地下民兵送来的情报后，即能采取相应的措施。复兴印刷厂经理黄照起义后，提供了军统复兴社和宪兵团在汕活动情况。原汕头港引水业务所主任沈饶生被策反后，不单把港口设施、海运情况告诉龙湖地下党领导，还把汕头港航道图等重要资料送来，在国民党军溃退时还设法保存港口全套引水设施和特级引水船，使龙湖解放后能即投入使用。

大衙地下民兵针对第五区"清剿"总司令喻英奇所发布的种种条令，如强拉民夫、赶筑公路、封锁交通要道、妄图断绝平原与山地的联系等的新情况，根据形势变化，按照区武工委作出的新的战略部署，确定在反"围剿"中采取"避实就虚、避强就弱、避大就小""以分散对集中、以集中对分散"等战术，继续展开外线作战。配合各武工队挺出外线开辟新区；开进平原活动，进一步沟通山地与平原的联系，打乱国民党的"清剿"部署。

1949年，大衙地下民兵在武工委委员余锡渠和邱河玉、余仰韩的率领下，分为铁组、海组、山组开赴潮澄饶平原。其中，海组由许务等5人组成，余锡渠随队指挥，活动于潮安秋水、饶平隆都、澄海地区和铁路线。主要任务是发动群众，组织民兵，做好统战工作，筹款肃敌，收缴枪支，争取分化沿海土匪，扰袭敌后，扩大影响。在地方党组织和地下民兵的大力配合下，在较短的时间内，就达到了预期目的。海组下平原不久，就在北李、冠山等地党支部的协助下，先后成功地在这两个乡召开了乡绅、族老会议，做好上层统战的工作，筹措了部分粮食和枪支。

随着战争形势逐渐向有利于人民军队的方向发展，潮海饶平原县委根据上级指示，在发展武工队，依靠武工队的同时，广泛开展民兵组织工作。从 1948 年到 1949 年近两年的斗争中，潮澄饶平原县委不仅在 100 多个村庄建立了民兵组织，发展了数千民兵，而且在一批转动点的村庄建立了民兵武装基干队。永平、大衙、南砂、北村等村庄是澄海地下民兵的主要基点，也是平原武装斗争营地的分布点。随着平原斗争的不断发展，县委对民兵组织实行了统一领导、统一指挥、联防作战，因此，这些地下民兵既是主力部队、武工队军事行动的有力后援和队伍的重要补充来源，又是整个武装斗争不可缺少的组成部分。他们在配合主力部队和武工队的军事行动中，如破坏敌人的通信设施、借枪募粮、传递情报、张贴标语、警卫放哨、防奸肃敌、转送人员、输送兵源、运送物资、社会调查等方面，都发挥着不可磨灭的作用。

与此同时，潮澄饶县委迅速打通了潮安、澄海、隆都从平原到山区陂坑尾的交通线，培养了一批民兵骨干，巩固了部分老的转动点，并在磷溪等地建立了新的转动点，使平原的经济、物资、兵源等，顺利输送到凤凰山革命根据地，为潮汕地区的解放事业做出了贡献。

三、大衙红色渡口

大衙渡口位于外砂街道辖区内的大衙村，处于韩江下游地段，毗邻潮安、庵埠、凤凰山等地，与庵埠镇梅溪渡口遥相呼应。

大衙渡口早在土地革命战争时期便是地下党的重要交通站，是周恩来亲自建立的红色交通线中的重要一站，是地下党连接澄海莲花山，饶平青岚山、凤凰山等革命根据地的重要交通枢纽。大衙交通站依托地理优势，为革命传递文件、情报，沟通上海中共中央和中央苏区的联系。早在抗日战争时期，潮澄饶党组织为了斗争上的需要，先后经营了一批革命活动点和联络点。进入解放战争，地下党为适应武装斗争这一首要任务，又相继发展了一批联络点。1948 年秋冬至 1949 年春夏，由于解放战争形势发展迅速，主力队伍和武工队普遍建立，平原与山地的斗争更需要及时加强联系，平原县委更是抓紧了这项工作。至 1949 年 3 月，全县的转动点、联络点、掩蔽点达 40 多处，形成了比较完整的地下交通网，使从汕头市到凤凰山区的交通线畅通无阻。其中，主要的掩蔽点、转动点有永平、梅州、冠山、大衙、管陇、窖西、南砂、明德、信宁、东林头、南墩、南溪、龙潭、樟籍、南美、三洲、下长宁等乡村。从平原到山区的地下交通线有：汕头市—冠山—余厝洲—下埔—黄金塘—北坑；还有汕头—永平—梅州—南溪—山尾李—寨内—六亩—北坑；沿韩江支流直上大埔—青溪—永定—江西中央苏区。大革命时期至土地革命战争时期，曾经有党的重要领导干部经此渡口进入中央苏区。广东省委及南方局等机关有关领导经此地乘船进入凤凰山脉。

大衙与南社村和东溪村连成一片，互相呼应，充分利用地形隐蔽、交通便利等有利条件，为中国的革命事业发挥重要作用。

抗日战争时期，这里又成了敌后抗日根据地，抗日游击队从这里过河入澄海、潮安，锄奸除恶，威震敌胆。

解放战争时期，这里更是澄南游击队、平原武工队的联络点和接应点。自大革命时期至整个解放战争时期，这里都活跃着那些英勇献身、为革命抛头颅洒热血的潮汕男儿的身影，是龙湖地区参与各场战争存在时间最长的红色纪念遗址。

1945 年 8 月上旬，敌后游击队从内线获悉，日伪密侦队长方顺于某日前往庵埠日军宪兵司令部领取枪支，准备在大势无望的情况下，潜隐于海岛中，继续与人民为敌。游击队得到这一情报，遂决定在外砂大衙渡口伏击。当天，游击队派出武装小组 4 人，埋伏在渡口堤顶。方顺等 4 个密侦队员带短枪 6 支，果然按预计时间及路线前来。他们上渡船后，游击队武装小组出其不意叱其缴枪，方顺等4人闻声惊慌失措，掉头跳往水里逃命。武装小组随后追赶，众枪齐发，将方顺等2人击毙于水中，另2人轻伤逃脱。游击队击毙了作恶多端的日伪汉奸方顺，为当地百姓除了一大害。

1949年由中共澄海县委副书记余锡渠带领的游击队和武工队从大衙渡口出发，一举端掉了国民党鸥汀警察所。这一行动对汕头地区的国民党军政人员震动极大，因为鸥汀距离汕头市区仅数里之遥，这次武装行动不啻在国民党的眼皮子底下进行，显示了人民武装力量的英勇和智慧。

在奇袭鸥汀警察所和接应卓积基学警中队起义等活动中，大衙渡口起了很大的作用。4月16日晚，卓积基率汕头市学警中队76人起义时，隆都、十五乡、盐鸿、澄南等武工队和全县地下民兵均行动起来，破坏国民党当局的通信设施和交通桥梁，控制国民党澄海李铭康部队，击溃饶平隆都许在和部，使起义学警安全到达凤凰山根据地。这次学警起义，不但瓦解了国民党潮汕地区的一支武装力量，使之加入人民武装行列，更为重要的是迫使原来准备出动"围剿"凤凰山区的国民党军队，不得不暂时缩回驻地，使闽粤赣边纵队第四支队获得时机，迅速向外围发展，形成对敌进逼之势。

1949年春夏间，随着国内战争形势的急剧转变，国民党在大陆盘踞的日子已屈指可数。据此，蓬沙职业学校团支部组织团员邮寄革命传单和警告信给外砂警察所及各乡反动人物，宣传革命形势，并了解国民党区党部的活动和组织装备等情况，及时报告地下党组织，以备策应时局变化。同时，学校地下党组织还互相传阅进步书刊，学习革命道理，组织读书会等进步组织，撰写文章，出墙报。

中共韩江地委根据上级指示，为适应革命斗争的需要和局势的变化，决定扩大武装队伍的力量，动员大批青年师生上山参军。据此，中共澄海县委通知各校团支部在秘密串联的基础上，对革命师生发起了上山参军的大动员，收到预期效果。其中人数较多、影响最大的是澄海县立中学师生集体上山参军行动。同年5月8日，澄中108名学生（连同蓬沙职业学校部分学生在内）在党组织的发动和周密部署下，以外出旅行或参加球赛为掩护，秘密从外砂与上华、澄城与莲阳、樟林与东里等3条路线同时行动，沿途在各区委、武工队和地下民兵的严密护送下，巧妙地通过国民党管区各哨卡，于9日上午顺利到达凤凰山根据地，并以上山参军学生的名义，发表了《告潮汕各界同胞书》和《告潮汕父老书》，由县委机关报《海啸》报社印发各地。

澄中学生集体上山后，在各地党组织的动员下，澄中、崇德、报国、银砂等学校的一些教师以及隆都中学、苏北中学的一些学生也分批行动，上山参军。学生大规模上山参军的行动高潮，对国民党潮汕当局是一次重大的打击，也是潮汕地下党开辟的第二战线所取得的重大胜利。

2009年10月1日，龙湖区委区政府、区老区建设促进会，为缅怀先烈，发扬革命传统，在大衙渡口建立纪念亭，并立碑记，作为区的革命传统教育基地。

四、大衙地下交通联络点

位于龙湖区外砂街道大衙村沈楚湘家，也就是大衙村添盛第（即大夫第）。沈楚湘是这里的女主人，男主人（人称大舍）到泰国做生意。家中只剩沈楚湘（也叫大舍娘）一个人。她非常同情革命，在敌人不断的"围剿"搜捕和屠杀的威胁下，不顾自身和家人的生命财产，千方百计为中共地下组织提供宿营地、粮食、情报、渡船，还为他们放哨及送信，配合武装队伍进行活动，是众多革命堡垒户中的杰出代表。早在土地革命战争时期，这里就是重要的中共地下交通站和秘密联络点，不少革命同志曾到此处活动过，后由于形势变化，这里的革命活动中断了一段时间。

在抗日战争中期，即 1940 年许杰担任中共冠山支部书记后，考虑到对敌作战的复杂性和游击队的栖息地等问题，考虑到利用大姓、强房的封建宗族关系开展统战工作，能较好地掩护革命活动，决定重新发展外砂大衙村的革命掩护点，对一些当地的游击队员进行妥善安排。如安排游击队员在这里日间下田劳动，夜间在附近宣传发动群众和进行军事训练，因为大多都是本村本土人，所以做起工作来，更显得如鱼得水。因为大衙地处汕头、澄海、潮安及饶平的结合部，国民党管理比较松懈，而沈楚湘家也比较僻静，且毗邻渡口，可进可退，安全度较高，所以慢慢地变成了革命的活动据点。潮澄饶地下人员亲切地称这里为"总统府"。

潮汕各地的革命武装队伍都曾以此为转动点，或隐蔽，或休整，或训练，或中转。据有关资料记载，土地革命战争时期到解放战争时期，先后曾来到这里的领导计有方方、李习楷、林灿、詹天锡、邹克英、吴杰生、张权泽、周大林、徐国声、张敏、陈圆圆、李平、李亮、陈维勤、周礼平、吴南生、吴健民、陈义之、邱河玉、许士杰、张震、庄明瑞、林美南、余锡渠等，可以说，自 1919 年至 1949 年整个新民主主义革命时期，大衙添盛第在潮汕地区参与革命活动的时间是比较长的，扮演的角色也是比较重要的。

在添盛第及其周边发生的长期地下敌我斗争中，潮澄饶县委清醒地意识到形势的严峻，即一方面转移已暴露身份的人员，不再使用或尽量少使用革命色彩较浓的活动乡村，以防意外事故的发生，同时做好武装部队回地方人员的安置及思想工作；另一方面是继续布置人员打进国民党各级政权机关，做长期斗争打算，尽量利用各种关系，打进国民党当局的党、政、军部门。地下党员林华等就是利用宗族关系，通过族兄林贤轸进入位于澄海县的"清剿"指挥所和所属部队隐蔽，并为地下党提供情报；同时，转换地区隐蔽，把从外地转来的人员安排在本地区，把原在沦陷区的调往饶平、潮安内地；并安排好暴露身份的人员。此外，潮澄饶县委对农民身份的，尽可能安排做小生意或投亲靠友，让他们一面隐蔽，一面学习本领，实在投靠无门的就到各地当长工；对一些原有基础较好的、游击队员较多的、难以撤离的活动乡村，则设法利用各种关系，组织守青队，白天种田，晚上守青，既利于隐蔽和活动，又可掌握一定武装，以防万一；对尚未暴露的游击队员，则组织互助社，保持联系；对知识分子，则通过关系，到灰色乡村教书，校长职位一般安排党的同情分子担任，掩护党员教师。对隐蔽的党员教师要求行动言论注意灰色，努力教好书，以利做好校董、乡绅等上层人物的统战工作，占领学校阵地。通过开展活动，广泛接触群众，传播革命理论，宣传党的各项主张，并从中吸收先进青年加入党组织，使党真正在农村落地生根。同时，又能有效地开展统战工作。（当时的潮汕地下党组织活动场所有"三老家"之称的是：潮安佘厝洲、澄海卓花农场及大衙的"总统府"，可见这里早已是中共地下组织人员心目中的另一个家了）

上述措施，使各地的革命力量迅速得到了分散隐蔽，确保了党组织顺利地转入地下斗争。

在采取隐蔽措施的同时，党组织还注意做好纯洁队伍、维护组织安全的工作。如对党员、游击队员进行形势、保密和革命气节教育，提高党员和革命者的政治素质，使之在险恶的环境中保持革命气节，坚定革命立场。添盛第屡次成为党开展教育、培训和宣传的重要场所。

抗日战争中后期，此处又成为一个重要掩护点，代号"总统府"。全府分为两畔，东畔为"东宫"，西畔为"西宫"，该处作为重要掩护点，与外砂的东溪、南社等村的地下党组织联络点及地下民兵组织连成一片，并与蓬沙书院的革命浪潮遥相呼应，形成了地方上较有影响的"红色据点"。

解放战争时期，潮澄饶平原（工）县委以这里为主要根据点，发展地方武工队的力量，以便进一步做好开辟新区，发动群众，开展平原游击战争，配合山区反"清剿"斗争。其中，澄南武工队、大衙民兵武装小组认真坚持上级党组织提出的在隐蔽中求发展，避免过多地刺激敌人的工作方针，依靠群众，通过亲朋好友关系开展秘密活动，在巩固老的转动点基础上，进一步沟通了平原与山地的联系，为平原工作的全面铺开打下了基础，为解放大军解放全潮汕做好必要的铺垫。

新中国成立后，流盛第曾一度作为大衙村办小学校址及村办公用地，直至20世纪90年代后期，新校舍落成，这里才恢复为民居原貌。

五、地下民兵队伍的壮大

澄南武工队成立之后，按照上级党委的指示，在原有工作的基础上，广泛发展民兵组织。开始以冠陇、夏塘、大衙、东林头、上边等乡村为活动基点，采取队员分散串联的方式，很快打开局面。冠陇有6700人，是上华的大乡，在抗日战争时期就建立了党组织，有较好的群众基础。针对该乡周、卢、许3个大姓的特点，分头串联，把守青队中的进步青年和群众作为发展的对象，做好细致的思想教育工作，吸收其参加民兵组织。在短短的时间内，许厝有10多人，周厝有50多人，卢厝有50多人参加民兵组织，并挑选 10 名骨干组成基干班，随时听从调遣。大衙村在抗日战争后期是党组织的一个重要掩护点，有较好的群众基础。武工队抓住这个有利条件，广泛团结教育群众，从中培养一些骨干，通过他们进一步发动群众，参加民兵组织，使该村民兵人数达到近百人，并有 10 多名骨干参加基干班。东林头村在抗日战争时期，曾是中共澄海敌后（一区）区委的机关驻地，群众基础好，武工队进村后，依靠了洪汉奎（党员）、洪俊等先进分子，开展宣传教育工作，在他们的带领下有几十名青壮年参加民兵，并组建了 10 多人枪的基干班。沙坝是个新开辟的小村，武工队通过林派文、叶贤等进步青年，串联群众，发展了民兵 10 人。由于做好了思想工作，地下民兵处处为武工队提供方便，武工队也把沙坝作为集结点和宿营地。澄南武工队通过做好基点村工作，迅速向各个乡村发展，在上中除渡头、横陇、南界几个封建势力较大的乡村及吕厝、涵头等几个小村外，其余乡村都建立民兵组织。同时，武工队还迅速向附城的信宁，上蓬的南社、东溪，下蓬的渔洲、五乡、下埔、官埭、蔡社以及海滨的南湾、北村、坝头、新溪等地发展，先后在 27 个乡村建立民兵组织，民兵人数达 1000 多人。计岛门 50 人、上边 25 人、东林头近 100 人、陇尾 20 多人、下陈 50 人、菊池 100 多人、湖心 25 人、沙坝 10 多人、洪桥 10 多人、冠陇 110 人、龙田 40 多人、北陇 20 人、沙砻 30 人、华富 10 多人、下坑 10 多人、信宁近 100 人、大衙近 100 人、南社 40 多人、东溪 40 多人、凤窖 10 多人、下埔 20 多人、旦家园 10 多人、蔡社 20 多人、陈厝寨 20 多人、五乡打铁洲 20 多人、官埭 20 多人。加上海滨武工队组建后发展的南湾 40 人，坝头的四十亩、百二两等村近 100 人，新溪 10 多人，民兵总数上千人。在斗争中还涌现了一批敢于斗争，善于斗争，全心全意为了解放事业而奋斗的民兵骨干。

迎接龙湖解放的曙光

1948 年 8 月间，平原突击队在十一团副政委庄明瑞的率领下，袭击国民党潮安江东乡公所、苏南警察所，缴获一批物资和枪支，烧毁乡公所文件簿籍，这一枪声也标志着龙湖区革命力量的进一步成熟，开始由隐蔽走向半公开的对敌战斗。袭击了潮安江东乡公所和苏南警察所的当晚，平原突击队便迅速将队伍转移到外砂大衙、东溪、南社等村进行分散隐蔽，令前来"剿捕"的敌人扑了一场空。

与此同时，下蓬区党组织和革命群众利用村落偏僻，背靠溪河，毗邻潮安及凤凰山等有利的地理条件，大力支持革命，经常为上级和武装队伍的活动提供各种方便，先后多次顶着"剿乡"的危险，机智掩护一批批革命同志。同时，组织民兵及时转运军用物资，安全护送入伍同志上山参军。

大衙、南社等村的民兵组织发展迅猛，这些民兵组织由县委统一领导、统一指挥、联防作战，因此地下民兵既成了地方的主力部队、武工队军事行动的有力后援和队伍的重要补充来源，又是整个武装斗争不可缺少的组成部分。其中最为突出的大衙地下民兵更是主动配合主力部队和武工队的军事行动，如破坏敌人通信设施、借枪募粮、传递情报、张贴标语、警卫放哨、防奸肃敌、转送人员、输送兵源、运送物资、社会调查等方面，都发挥着不可磨灭的作用。

各地的地下革命力量以聚沙成塔、集腋成裘的行动，为龙湖的解放聚积力量。

一、策反卓积基学警中队

汕头警训所学警中队长卓积基（中华人民共和国成立后曾任汕头市政协副主席），抗战初期参加国民党军队来潮汕抗日，由于有正义感与爱国心，解放战争期间，他便秘密地阅读了一些进步书刊，加上解放大军节节胜利，在现实生活中也目睹国民党的腐败，感到跟反动派走下去没前途。卓积基又与该所雇员中共潮澄饶平原县委地下工作者余楚强接触，在余的教育下，卓深明大义，决心弃暗投明。平原县委遂派委员林正昭与卓积基密商起义的行动计划。为使其无后顾之忧，党组织还事先将其妻儿接到解放区。卓遂于1949年4月16日晚，以演习为名，率第六期全体学警79人，带轻机枪2挺，长短枪59支及子弹一批起义。当队伍到达约定地点金砂独立树下时，林正昭已带突击队在此接应。学警中队经澄海大衙村、饶平、潮安三县14个乡村，3个渡口，从夜晚到白天行程数十千米，在地下党周密布置下，组织了武工队、地下民兵、渡口船夫紧密配合，使起义学警安全到达凤凰山根据地。学警中队携枪起义，如晴天霹雳，震惊了国民党潮汕当局，当时闽粤边"清剿"司令喻英奇，急忙派出军队企图阻拦，但为时已晚。

这次学警起义，不但瓦解了国民党潮汕地区的一支武装力量，使之加入人民武装行列，更为重要的是迫使原来准备出动"围剿"凤凰山区的国民党军队，不得不暂时缩回驻地，使闽粤赣边纵队第四支队获得时机，迅速向外围发展，形成对敌进逼之势。

二、做好敌后援军工作

早在大革命时期，南社村的王金满、魏兆梁便是澄海首批中共党员，并奉组织命令回到外砂组织农会，发展党员。通过王、魏的宣传，南社乃至外砂迅速成为地下党领导的一方革命热土。

抗战时期，南社村曾出现过零星的敌后活动，比如为当地抗日武装提供一些物资援助或交通帮助等。在这一时期较有组织、成规模的抗日组织当属下蔡村一带蔡子明、蔡秋林带领的敌后抗日武装小组。

1947年，为配合上蓬区的武装斗争，南社村地下党员在上级的指示下，利用村中的一处生产豆芽（民间俗称：豆菜）的小作坊为活动联络点。豆芽间白天生产豆芽，晚上或清晨运输时，则经常将各种军用物资匿藏在豆芽或绿豆袋里，通过地下人员的中转，送到山区或各地平原。

1948年5月，中共潮澄饶丰武装工作委员会为开展潮澄饶平原游击战争，更有效地牵制国民党兵力，配合山区根据地的巩固发展，决定抽调精悍骨干，加强平原领导力量，于同月底成立中共潮澄饶平原工作委员会，上蓬、下蓬区及铁路线一带的党组织均归其领导。平原工委成立后，根据上级指示，迅速摸清各地基层组织情况，对一些受到破坏的，做好恢复发展工作，开辟了一些新的活动点，发展地下民兵组织。南社豆芽间地下党组织也乘机扩充武装力量，至同年7月，已恢复并组织民兵基干队员近百人，使平原的革命力量有了较大的增强。由于南社村的地下民兵组织保密工作做得较好，加之善于利用外围条件，因此，虽然豆芽间经常人来人往，但连住在周围的群众直到当地解放，也有很多人不知道自己的身边就有着这样一个地下党的活动联络点。

三、接应进步学生上凤凰山

1948年底，随着人民解放战争胜利的脚步越来越近，国民党的颓势已日趋明显，分布在龙湖各地的地下党开始有组织、有针对性地活动。蓬沙职业学校团支部组织团员邮寄革命传单和警告信给外砂警察所及各乡反动人物，宣传当前的革命形势，并了解国民党区党部的活动和组织装备等情况，及时报告地下党组织。他们同时通过传阅进步书刊，学习革命道理，组织读书会等进步组织，撰写文章，出墙报，为龙湖的解放制造声势。

1949年春夏间，中共韩江地委根据上级指示，为适应革命斗争的需要，决定扩大武装队伍的力量，动员大批青年师生上山参军。据此，中共澄海县委通知各校团支部在秘密串联的基础上，对革命师生发起了上山参军的大动员，收到预期效果。其中人数较多、影响最大的是澄海县立中学师生集体上山参军行动。同年5月8日，澄中108名学生（连同蓬沙职业学校部分学生在内）在党组织的发动和周密部署下，以外出旅行或参加球赛为掩护，秘密从外砂与上华、澄城与莲阳、樟林与东里等3条路线同时行动，沿途在各区委、武工队和地下民兵的严密护送下，巧妙地通过国民党管区各哨卡，于9日上午顺利到达凤凰山根据地，并以上山参军学生的名义，发表了《告潮汕各界同胞书》和《告潮汕父老书》，由县委机关报《海啸》报社印发各地。

澄中学生集体上山后，在各地党组织的动员下，澄中、崇德、报国、银砂等学校的一些教师以及隆都中学、苏北中学的一些学生也分批行动，上山参军。学生大规模上山参军的行动高潮，对国民党潮汕当局是一次重大的打击，也是潮汕地下党开辟的第二战线所取得的重大胜利。

四、龙湖全境解放

1947 年 12 月，国民党为了加紧对共产党的"围剿"，派干将喻英奇为"清剿"司令。1948 年 3 月，喻英奇发动了对抗征队的第一次"清剿"，企图摧毁大南山根据地。在抗征队第三大队的伏击下，挫败其阴谋。4 月喻英奇又发动对八乡山"进剿"，又在抗征队第一大队打击下失败了。在这两次反击告捷中，抗征队第一大队改建为北山团，第三大队改建为南山团。此时喻英奇又发起第三次"清剿"，南山团避实就虚，将主力挺进外线作战，并用麻雀战术与敌周旋，在北山团与武工队和民兵配合下，又打退敌"围剿"。与此同时，喻英奇还实施"围山地、扫荡平原"计划，先后对潮揭丰边、潮澄饶地区发起进攻，但又遭到惨败。喻的"清剿"计划破产后，于 1948 年 6 月，又组织所谓"围困山地、肃清平原"的再次"清剿"。首先是进攻凤凰山区。这时潮汕人民抗征队已改为潮汕支队，并在潮澄饶丰成立韩江支队。支队则以"捣乱后院"来打乱敌人的新部署。7—8 月，先后发动袭击国民党警察所 2 处，联防据点和乡公所 20 多处，在敌后战斗 20 天左右，主力长驱数百里，与地方武装、武工队及民兵紧密配合，迫使敌撤回"清剿"山区兵力，喻英奇这次"围剿"又告破产。11 月，喻孤注一掷，集中 3000 兵力，重点进攻大北山，潮汕支队事先通过情报认识到敌人的意图，便将计就计引敌就范。此次共歼敌 500 多人，俘敌中队长以下 110 人，毙伤敌 210 人，解放新兵 250 人，缴获轻机枪 2 挺，长短枪 130 支，宣告喻英奇的"清剿"计划彻底失败。潮汕军民在反敌"清剿"中取得完全胜利！

党所领导的辽沈、淮海、平津三大战役取得大捷，它奠定了全国胜利的基础。1949 年 1 月，香港分局发出《关于迎接大军渡江和准备解放广东的指示信》。同月 1 日又宣布了中国人民解放军闽粤赣边纵队成立，将潮汕支队改编为边纵二支队，韩江支队改为边纵四支队。并决定兵分南北两线开展平原战役。首先是攻打里湖，再克南山管理局，解放惠来城和丰顺县城丰良，接着又攻克棉湖、流沙、葵潭、汤坑、陈店等 6 个重镇。四支队也发起攻势，攻占饶平县城三饶。此时在淮海战役被击溃的国民党胡琏兵团 1 万多人鼠窜来潮梅，给潮汕解放战争带来威胁。但潮汕军民不畏强敌，再次奋起抗击敌军。首先是组织"攻点打援"全歼赤寮黄少初部；再发起攻打镏隍和新亨驻敌的战役，阻滞敌军进程；接着进行了大北山的保卫战和涂洋山的围攻战，敌受击惊慌撤走，普宁全境宣告解放。四支队也在石壁山飞凤径伏击敌军，使胡军不得不龟缩到潮州和汕头等城市困守。

1949 年 7 月，乘胜南下的人民解放军，势如破竹，直逼广东，潮汕解放指日可待。为了准备解放和接管汕头市，潮汕地委干校，连续举行两期的接管城市人员训练班。8 月，市工委书记李平特地到干校作关于城市政策的报告。与此同时，余昌辉分别召开团、站领导人会议，部署在敌人败退前的保护城市斗争，这是汕头（含龙湖地区）地下党又一项光荣而艰巨的任务。在领导这场反对敌人破坏城市的斗争中，主要是组织群众，重点保护好关系到国计民生的公共设施。

在人民解放战争节节胜利，蒋家王朝日益崩溃的形势下，国民党内部，特别是中下级人员，更是感到日薄西山，前途暗淡。汕头地下工作者，抓紧时机，积极开展策反工作，有效地瓦解敌人营垒。

潮汕地委党组织借助全国解放在即的大好形势，不失时机地开展统战策反工作，不但加速了敌人的崩溃，更减少了战争的损失。边纵二支政治部就先后建立了敌工科和策反委员会；还发布

《告蒋军官兵书》《告国民党员和三青团员书》《告国民党公务员书》，为汕头市开展策反工作创造有利条件和提供有力思想武器。

由于多方力量配合，对敌策反工作进行得很成功，效果很显著。

10月4日，为加强对广东第二大城市的解放和接管工作，中共中央华南分局决定将汕头市工委改为市委，并委闽粤赣边区党委副书记、边纵政治部主任林美南兼任汕头市委书记和军管会主任，李平、吴南生为市委副书记和军管会副主任。

1949年10月13日，闽粤赣边纵队领导部署解放全潮汕战役，决定兵分两路进军，东路由边纵直属5个团，二支4个团和四支队及三支队负责解放揭阳、潮安、澄海后从北面包围汕头市；西路以二支队3个团的兵力解放潮阳后从南面合围汕头市。喻英奇于10月11日逃往粤西。10月14日，广州解放。10月18日，解放汕头市的战斗开始，在“活捉喻英奇，解放全潮汕”的战斗口号声中，闽粤赣边纵队兵分三路直指汕头市。这时胡琏已知大势已去，于10月20日逃往金门。汕头守敌弃城遁逃。10月24日，边纵部队和汕头市党政领导机关人员，在数万人民群众夹道欢迎下进入市区，龙湖全境解放。汕头获得新生，汕头人民得到解放。至此除南澳县外，潮汕各县都已解放。从此潮汕革命历史掀开新的一页，它将继续记载潮汕人民在新的历史时期的战斗历程。

第五章

建设发展时期

第一节 新中国成立初期的龙湖

一、建立人民政权

1949 年 10 月 24 日，中国人民解放军闽粤赣边纵队第三、四支队各一部开进澄城，澄海（当时龙湖属澄海县上蓬区和下蓬区）全境解放。25 日，上蓬区、下蓬区成立区政府，由澄海县管辖。

11 月 1 日，上蓬区、下蓬区按澄海县人民政府颁布的命令，在全区范围内废除保甲制，建立各村农会。同时，2 个区按澄海县人民政府颁布的暂时税收条例，废除旧税制，实行新税制。

同月，上蓬区、下蓬区着手整理区内庵寺、公堂、学校等公有产业。废除旧田赋制，实行按田亩常年产量依率计征。

自 1949 年 10 月下旬潮汕地区解放之后，针对国民党胡琏、喻英奇残部和各地土匪武装仍负隅反抗，盘踞在饶平、诏安及南澳岛一带，继续为非作歹、打家劫舍的现象，潮汕地委和潮汕军分区根据华南分局、广东军区的指示，决定把剿匪作为当时的中心任务，全力对残存在潮汕地区的土匪进行清剿。潮汕地区的剿匪斗争分为重点进剿围剿、分散驻剿、清剿三个阶段，历时三年，至 1952 年 12 月全部结束。

在肃清匪特活动，巩固新生的人民政权同时，下蓬区还配合上级组织进行镇压反革命和取缔反动会道门组织。澄海县成立镇压反革命指挥部，发布告限期特务分子投案自首，自 1951 年 1—8 月，仅汕头市就有 83 名反动党团特务骨干分子自新登记。当时盘踞在潮汕地区的反动会道门主要有老母会、同善社、先天道、天恩道等，这些反动会道门上层人物多是国民党政府军政官吏、土豪劣绅、地主恶霸、流氓恶棍、汉奸土匪等，他们长期反共反人民，到处散布各种政治谣言，骗取群众钱财，以迷信为幌子进行一系列的破坏活动，已构成反党反人民、危害性极强的黑势力，应当坚决给予取缔。

1950 年，潮汕地区根据中共中央和华南分局的指示，在镇压反革命运动中开展取缔反动会道门的斗争，重点取缔首要分子，查封坛（堂），分化中小会徒，教育会众。该运动至 1953 年全部结束，从而彻底清除了旧社会遗留的残余反动势力，为重建新的社会秩序奠定了基础。

澄海县重新组建中共澄海县委员会，书记许士杰。上蓬区、下蓬区党组织受其领导。1950 年 1 月，两区全体党员参加澄海县解放后首次召开的中共澄海县党员大会，从此公开了上述两区党员的身份和党的组织。随后两区区委会及下属乡、村机构也相继建立。

1950 年 6 月—8 月，先后成立工商业联合会、归国华侨联合会、佛教联合会和农民协会等组织，进一步加强了党对地方领导。

随着区域内各级政权的建立，两区又派出各自代表参加澄海县第二届各界人民代表会议，会议讨论如何完成夏征、夏耕以及减租、反霸、肃敌等任务。会上，县正式成立农民协会。在此期间，两区的妇女代表也参加了澄海县召开的首次妇女代表会议，会上，成立澄海县民主妇女联合会筹备委员会。1953 年 9 月 30 日，正式成立澄海县民主妇女联合会。

1951 年 3 月，上蓬区、下蓬区按澄海县的统一布置开展镇压反革命运动，至 5 月，处决一批反革命分子，开展禁毒、禁娼、禁赌各项工作。11 月，潮汕各界人民代表 2000 多人，在新观戏院组成临时法庭，举行公审"国民党粤桂边区剿匪总指挥"、战犯喻英奇的大会。由军分区政委徐扬任审判长。喻英奇是潮梅人民的公敌，屠杀人民的刽子手，人民法庭依法判处喻英奇死刑，立即执行，剥夺政治权利终身。《团结报》发表《喻匪英奇伏法了》的社论。

1953 年，澄海县召开革命根据地人民代表会议。会上，龙湖官埭尾村（今如龙社区）被评为首批澄海革命老根据地。

二、土地改革

土地改革是新民主主义三大经济纲领之一，旨在废除封建半封建的地主土地所有制，实行农民土地所有制，解放农村生产力。澄海县土地改革始于 1951 年。是年 4 月，澄海县成立首个土地改革委员会，在全县范围内统一安排开展土地改革。从 5 月起，上蓬区、下蓬区全面开展土地改革运动。一是成立土改工作队中队部并进驻各乡；二是进行退租退押和清匪反霸运动；三是划分阶级，评定成分。

该项运动自 5 月开始，至年底结束。其间，两区分别对农民进行各项教育活动，克服农民自私、狭隘的思想问题，保证土改顺利进行。并全面开展查田定产工作，组织人力对耕地实地丈量，并于次年开始土地改革复查工作。经过复查，纠正了土地改革中错划的一些农村、城镇户口的阶级成分。

通过土地改革，农村阶级结构发生了重大变化，其中最突出的现象是新中农纷纷崛起，中农在农村人口中所占的比例由 20%上升到 80%左右，贫雇农则由 70%下降到 10%—20%。其次，乡村权力关系发生了结构性的变化。在农会中，权力掌握在贫下中农手里，农民把自己从地主的枷锁下解放出来，成了新型农村基层政权的主人。广大农民更加拥护人民政府，工农联盟和人民民主专政的政权也因此得到了巩固。

土改完成后，农民的政治地位和生活水平得到提高，他们普遍有了学习文化的要求，从而在农村掀起了学习文化的热潮，农民子弟纷纷上学读书，农村小学的学校数量与学生数量都显著增加。

伴随着土地改革运动中的反封建斗争，科学和民主得到了提倡，巫婆、神棍被取缔，早婚、溺婴等许多陋习恶习被革除，"二流子"得到了改造，婚姻自由之风逐步盛行，以劳动为荣、敬爱人民领袖、热爱中国共产党的新风俗在农村建立起来。

1953年6月，上蓬区、下蓬区农民在查田定产、核实土地面积基础上由澄海县人民政府颁发土地证，确认各户土地、房屋所有权。普通老百姓领到第一份独立自主的土地确权证件，极大地鼓舞了他们参与各项运动，保障自家果实的革命热情。

通过土地改革运动，农民实现了几千年来梦寐以求的"耕者有其田"的愿望，这是农村社会稳定的前提。这次土地改革运动并不是把所有的土地没收后打乱平分，而是没收地主多余的土地，使地主成为自食其力的人；对富农采取了政治上中立、经济上保护的原则；对中农完全予以保护。这些政策的制定与实行，孤立了地主，团结了中农，中立了富农，稳定了民族资产阶级，从而减少了土地改革的阻力，促进了社会稳定。通过建立人民法庭，惩治了危害人民和国家利益、阴谋暴乱、破坏社会治安和违抗土地改革法的罪犯，避免了乱打乱杀，从而使土地改革运动保持了正常的秩序。此外，通过广泛宣传、解释党和政府的政策法令，农民群众的法律意识得到了增强，他们通过法律来维护自己的正当利益。土地改革的完成，彻底摧毁了中国存在的两千多年的封

建土地制度，地主阶级也被消灭；农民从此翻了身，成为土地的
主人；农村的生产力得到解放，极大地提高了农民的生产积极性，
为农业生产的发展和国家财政经济状况的根本好转创造了条件；
进一步巩固了工农联盟和人民民主专政；农业生产的发展为工业
生产的发展提供了充分的原料和广阔的市场，为国家工业化开辟
了道路。

通过土地改革，农民焕发了新的生产力。1957 年秋收结束，
澄海全年粮食产量平均亩产 1257 市斤。10 月 30 日，《人民日报》
《南方日报》均以头版头条发表《澄海粮食平均亩产量占全国第
一位》的报道。由此也刺激了各区开展大规模的农田基础建设，
为水旱轮种和种植区域化打下基础。

三、改造私营工商业

新中国成立初期，由于稳定物价后，过去因货币贬值而产生
的社会虚假购买力突然消失，全国各地出现市场萧条、商品滞销，
许多私营企业减产、停工或倒闭。1954 年 1 月，中央人民政府政
务院财经委员会（简称"中财委"）召开全国扩展公私合营工业
计划会议，讨论李维汉草拟的准备向中央汇报的提纲《关于将资
本主义工业纳入国家资本主义轨道的意见》。会议提出，要在两
个五年计划期间，将雇用 10 个工人以上的资本主义工业企业，基
本纳入公私合营轨道。会议确定了"巩固阵地，重点扩展，做出
榜样，加强准备"的工作方针，决定从 1954 年开始进行全国范围
的有计划地扩展公私合营的工作。

对于私营企业来说，1952 年主要受"五反"运动影响，劳资
关系紧张。1953 年以后则是内外交困。就外部来说，原料、市场
由国家控制，原料短缺，"五反"退赔、清退职工"小股子"、缺
乏自己筹集资金的渠道，银行贷款减少。

　　当时，主持会议的国家财经委员会负责人陈云在讲话中，分析了工业生产中的矛盾和解决的办法。他指出：一是公私之间的矛盾。国营能出让一部分原料和生产任务给私营，就让出一部分。这样可以造成更大的便利，能更快、更大量地搞公私合营，使私营工业逐步顺利地转向社会主义方面来。二是先进与落后之间的矛盾。应该是奖励先进，照顾落后，淘汰有害。三是地区之间的矛盾。解决的办法是，维护上海、天津等传统的工业老区，由政府按照具体情况具体安排的原则，进一步普及并照顾各地。

　　澄海县针对上述矛盾和方法在改造私营工商业政策上，提出了具体措施：第一，要通过逐行逐业分配原料、分配任务、计算设备能力、安排生产计划等办法，来进行逐行逐业的社会主义改造；第二，要利用原有的工业设施，控制新建和扩建，控制国家基本建设的投资；第三，私营工业的生产要提倡提高技术，淘汰落后；第四，要用各种形式来安排私营工业的生产；第五，要减少盲目加工订货；第六，要管理和控制手工业合作生产的发展；第七，要扩大私营工业的出口品种，提高出品的质量；第八，要加强国家对私营工业的领导；第九，要反对两种倾向，一种是只顾国营、不管私营的倾向，另一种是私营工业自己不想办法、坐待国家给办法的倾向。

　　所谓公私合营，其之前是新中国针对民国后期企业管理混乱，市场经营无序，良莠不齐的局面而相对制定的政策。从某种意义上讲，公私合营在一个阶段内，既保障了企业职工的劳动权益（当时有工人在报刊上声称，以前是给资本家当牛做马，现在是我们自己当家做主人了），从而结束了自民国末期到中华人民共和国成立初期中国民族企业龙蛇混杂的无序局面，开始走向统一和归入政府的发展战略范畴，而国家也在最大程度上掌握企业生产方向的权限。

1952 年，上蓬区、下蓬区建立供销社。其中，仅下蓬区群众入股便有 17624 份，每份 1.5 元。

1953 年 8 月，澄海县调整行政区划并改区名。全县各区区名改为第一区（城关）、第二区（苏南）、第三区（苏北）、第四区（隆都）、第五区（上蓬，主要包括外砂、新溪）、第六区（下蓬，主要包括鸥汀、官埭），第七区（鮀浦）、第八区（海滨），并在第五区、第六区实施粮食市场统一管理，粮食统购统销。

1954 年 3 月，第五、六区所属各乡召开人民代表大会，选举产生乡长，建立基层政权。同时，发行 1954 年国家经济建设公债，至 1958 年连续五年发行同类公债。

1954 年 6 月，第五、六区选举产生的县首届人大代表参加澄海县首届人民代表大会第一次会议。大会选举产生了出席广东省第一届人民代表大会的代表；继续贯彻党在过渡时期的总路线、总任务；宣讲中华人民共和国第一部宪法（草案），并通过"拥护宪法（草案）的通电"。

第五、六区区公所落实澄海县人民政府发布的《关于蔗糖管理暂行办法》和禁止私人酿酒布告，实行蔗糖、酒类统一管理。这是继执行国家规定的全国实行棉布统购统销政策之后的又一重大决议。是年，区公所执行中共中央《关于加强市场管理和改造私营工商业的指示》，自下半年起，采取加工业加工、订货、包销和商业代销、批购、经销等形式，把私营工商业（包括工业户、商业户）纳入国家资本主义经济。

第六区浮东村成立林和茂互助社，这是该区农民走合作化道路的开端。第六区同时建立初级社，初命名为六一农业初级合作社，为原澄海县 4 个重点社之一。至 1955 年初，第六区又有 11 个初级社成立。

革命老区的建设发展

一、官埭尾村的革命基因传承

1949 年 10 月后，龙祥街道属澄海县第六区（下蓬区）。1956 年 3 月龙祥街道属澄海县官埭镇级乡。1957 年 12 月龙祥街道属澄海县下蓬区镇级乡。1958 年 9 月属汕头市红光人民公社。1959 年 3 月龙祥街道属汕头市下蓬人民公社，辖官一（分官埭头、官埭尾、洋边、新乡 4 个联队）、夏桂埔、周厝塭 3 个大队。1961 年 3 月龙祥街道属汕头市官埭人民公社。1965 年 6 月龙祥街道属澄海县官埭公社。1970 年 2 月 16 日属澄海县下蓬人民公社（下蓬、官埭两公社合并）。1974 年 11 月 5 日龙祥街道属汕头市郊下蓬人民公社。

作为有着光荣革命传统的红色土地，龙祥街道官埭尾村（1996 年经汕头市龙湖区人民政府批准，撤销官一管理区，设立如龙等 4 个社区，如龙社区因纪念该村纪经如、纪喜龙等革命先烈，故名如龙村）村民对新中国是饱含深情，对新生的国家全力拥护。早在土地改革时期，该村就多次被汕头市人民政府指定为仅次于澄海县的试点单位，如 1958 年的红光人民公社，便在公社设立管理委员会，为汕头市郊区的直属单位；同年，在市郊区率先推行"生活集体化、组织军事化、行动战斗化"的集体劳动形式，多次参与研究总路线教育活动和开展超产多收运动，并在运动中开展全民性的共产主义教育运动。

随后的农村公共食堂、带头深翻改土、全省农业社会主义建设先进单位和积极分子代表大会，均屡见官埭尾村劳动人民代表的身影。

在新中国成立至改革开放之前，官埭尾村紧紧依托自身有利条件，充分发展各类农业生产。其中物种较为著名的有官埭苜仔和东池乌鱼。

官埭苜仔是 20 世纪 50、60 年代村中多旱园，沙垅较多，一时间野生出许多苜仔苗，经过村民的精心管理，苜仔长势良好，成为远近闻名的品种。

东池是官埭尾村东侧的一处约 30 亩的池塘，由于池塘水质好，长期以来作为村里的农田灌溉水源，是村集体的一处小水库。池塘里所产乌鱼因肉质鲜美而广受欢迎，年产量约为 150 担左右，成为村集体的主要经济收入。

官埭尾村群众长期受革命战火洗礼，群众集体组织观念极强，想事办事多从集体利益出发。官埭尾村的这种集体凝聚力直到改革开放后，依然葆有本色。如社区斥资兴建的如龙敬老院、如龙幼儿园，总面积达 3500 平方米。村里的治安巡逻保安队伍、敬老院自发组成的义务民事调解队伍、村办保洁卫生队伍和各类锣鼓队、彩旗队等群众组织，大都是村民自发组建的，群众这种生生不息、薪火相继的力量也可视为是革命基因的时代传承。

二、外砂的特色制作工艺

外砂地处南海之滨，境内沟壑纵横、土地肥沃，而境内所生产的诸多作物也多为外砂人所充分利用，成为当地一大特色，如织席行业。

据相关资料记载，外砂织席肇始于清代中晚期，该工艺很快传遍整个外砂乡，至1936年形成第一个鼎盛时期，"祥发号"草席一度年出口量达百万张左右，成为汕头口岸第二大宗出口商品。

新中国成立之后，外砂织席业由私营转为集体经营。1954年，外砂供销社在龙头村"狮祠"创办织席厂，拥有织席机50台，年产草席7万多张。1956年外砂织席厂建立后，从事织席业多达5000家，月产席30万张。是年，仅供销社收购的草席就达56万张，收购量为历年之最。1958年又组成人民公社织席厂，职工1000多人，织席机近400台，年产草席50多万张。

改革开放初期，外砂镇各村涌现几百家织席、印席或贩席专业户，外砂草席成为地方一张名片。2015年，外砂草席技艺被批准为第五批省级非遗代表性项目名录。

外砂糖寮也曾以当地盛产的甘蔗为原材料，制作出红糖和白糖，产品以味道醇正、价格低廉、经久耐放而远销海内外。闻名遐迩的潮商巨贾中，不少就是以贩糖起家的。汕头电视台于2015年拍摄了专题系列纪录片《潮糖之路》，素材根据正是从这一史实而来。

另外，外砂墙纸、外砂银庄、外砂美食、外砂生禽养殖等，都曾名噪一时。这些工艺或种植、养殖业的蓬勃发展，为外砂日后的进一步发展积蓄了力量，积累了经验。

进入新时期以后，外砂毛织、美食行业、腌制业和电商发展风生水起，其经济收益及区域影响令人刮目相看，不能不说与前期的这些积累有着密切的关联。

全区的建设发展

1949 年 10 月至 1953 年，全国以办互助组为主，同时试办初级形式的农业合作社。1951 年 9 月，中共中央召开了全国第一次农业互助合作会议，会议讨论通过了《中共中央关于农业生产互助合作的决议（草案）》，并发给各地党委试行。此后，各地党委加强了领导，使农业互助合作运动取得了较大的发展。到 1952 年底，全国农业互助合作组织发展到约 800 万个，参加的农户达到全国总农户的 40% 左右，其中，各地还个别试办了农业生产合作社（初级社）3600 余个。

1952 年冬至 1953 年春，在开展农业互助合作运动中出现了急躁冒进倾向。为纠正这种倾向，中共中央于 1953 年 3 月 8 日发出了《关于缩减农业增产和互助合作五年计划的指示》，又于 3 月 26 日发表了《关于春耕生产给各级党委的指示》，并公布了《中共中央关于农业生产互助合作的决议》。4 月 3 日，中共中央农村工作部召开第一次全国农村工作会议，阐述了"稳步前进"的方针。

1954 年至 1955 年上半年，是农业合作化运动的第二阶段，初级社在全国普遍建立和发展。

1955 年下半年至 1956 年底，是农业社会主义改造的第三个阶段，也是农业合作化运动迅猛发展时期。到 1956 年底，龙湖地参加初级社的农户占总农户的 96.3%，参加高级社的达到农户总数的 87.8%，基本上实现了完全的社会主义改造，完成了由农民个体所有制到社会主义集体所有制的转变。

1956 年，外砂、新溪、鸥汀、官埭等乡选派人员参加县建社（初级农业生产合作社升为高级农业生产合作社）干部培训班。新建和将原初级农业生产社合并升级为高级农业合作社，入社户数占总农户的 88.17%。高级农业生产合作社取消土地分红，实行按劳分配；土地、主要农具等生产资料为集体所有，农民只留给少量自留地。

嗣后，外砂、新溪、鸥汀、官埭等乡建立高级渔业生产合作社。同时，各乡私营工商业实行全行业公私合营，按行业成立公私合营商店，并把小商小贩组成合作商店或合作小组，完成对私营工商业的社会主义改造。

1957 年 11 月，外砂乡、下蓬乡根据上级要求普遍推行以合作社为基础的包工、包产、包成本、超产奖励的"三包一奖"管理制度，提高高级农业生产合作社的管理水平。

中共十一届三中全会后，中国广大农村普遍实行了家庭联产承包责任制，从形式上似乎回复到了农业合作化前的个体经营状态，于是有些人甚至认为当年的农业合作化运动根本就是不必要的，是多此一举。其实，以包产到户为基本特征的家庭联产承包责任制，与农业合作化以前的个体农业是有本质区别的。这就是作为农村主要生产资料的土地，合作化之前它是个体农民私有的；而包产到户之后只是经营方式由集体生产变为农民个体劳动，土地的所有权仍是集体的，农民与集体是一种承包关系。当年农业合作化的目的，就是要将主要以生产资料私人制改造为以生产资料公有制为基础的合作化运动，这是合作化事业在新的历史条件下的发展和深化。

第六章

改革开放时期

第一节 成为汕头经济特区的发祥地

　　汕头经济特区位于广东省东部沿海潮汕平原，是中国五大经济特区之一，全国著名侨乡，华南重要港口城市，也是潮汕地区政治、经济、文化的中心，为粤东和闽西南出海的门户。历来是粤东、闽西南、赣南地区的主要交通枢纽、进出口岸和商品集散地。总面积 2064 平方千米，市区面积 320 平方千米，总人口 407 万人。汕头于 1860 年正式开埠，是中国沿海最早对外开放的港口城市之一，人称"百载商埠"。曾有美、英、法、德、日、俄、荷、比等 8 个国家在汕头设领事馆（据汕头文史部门最新考证发现，开埠前后在汕头设立领事馆的有 15 家之多）。

1980 年前汕头经济特区区址地形地貌（王瑞忠摄）

　　1981 年经国务院批准，在汕头市郊区龙湖片区试办经济特区，初期面积为 1.6 平方千米。1983 年 12 月 22 日实行市管县体制，撤销汕头地区，原地区所属 8 县 1 市并入汕头市。1984 年 11 月经国务院批准，汕头经济特区的区域面积扩大为 52.6 平方千米，分龙湖和广澳两片区。1991 年 4 月国务院批准汕头经济特区的区域扩大到整个汕头市区，面积 234 平方千米，并确定于是年 11 月正式实施；是月，潮汕行政区域调整，潮州、揭阳分设地级市。

2003 年，经国务院批准，汕头行政区划作出重大调整，潮阳、澄海撤市建区，原市区 5 个区调整合并为 3 个区，其中河浦、达濠 2 个区合并为濠江区；升平、金园 2 个区合并为金平区；龙湖区保留，将原属澄海市的外砂镇、新溪镇划归龙湖区；澄海市撤市设区；潮阳撤市分设潮阳、潮南 2 个区。调整后，市区面积从原来的 310 平方千米扩大到 1956 平方千米，市区人口从原来的 120 万增加到 487.5 万人。

龙湖区作为汕头经济特区最早的发祥地，记载着当年特区建设的艰难困苦和辉煌成就。面对当年能源不足、楼房破旧、灯不明、水常停、电话不通、道路不平等百废待兴的艰难困苦，一群作为特区"拓荒牛"的建设者凭着"一定要探索出一条路子来，一定要多办点实事，为改善人民生活作贡献"的坚定信念和崇高理想，以摸着石头过河、承担改革试验巨大风险的胆略和魄力，带着汕头人民在当时 0.2 平方千米的龙湖荒沙丘地上，启动"五通一平"工程，住篷棚、喝井水、顶风沙、冒寒暑，甘当新时代的开路人，奏响了一首动人心魄的锄头扁担交响曲。自此，一个欣欣向荣的特区城市在汕头诞生，打开了一个中国面向世界的窗口。

1981 年至 1991 年的第一个十年，在异常艰苦的条件下，汕头经济特区创造了当时一个奇迹：建成新开发区 9 平方千米；十年开发的成果，比过去一百年的总和还要多！十年间，汕头经济特区工业年增长 155%，外贸年增长 111%，实际利用外资年平均增长 48.5%。

1982 年汕头经济特区管委会领导在龙湖荒沙丘上勘察特区地形（王瑞忠摄）

　　1991 年，汕头特区共有企业 1995 家，其中"三资"企业 617 家，总利用外资达 3.74 亿美元，80% 的产品实现外销。特区通水、通电、通信等基础设施日臻完善。

1982 年汕头经济特区土地平整施工现场（王瑞忠摄）

　　在汕头经济特区建设初期，特区管理者和参与者一同大刀阔斧地实行机构制度改革，他们搬掉"铁交椅"改革干部人事制度，摒弃"铁饭碗"式的用工制度，打破"大锅饭"式的工资制度，等等，一个个破冰之举焕发出一往无前的改革热情和开放勇气，为汕头经济特区的建设大踏步前进解除了"镣铐"和束缚，在当时国内创造了多个"率先""首创"。如20世纪80年代，汕头特区在全国率先实行24小时审批答复制度，开政府机关实行承诺制先河；率先提出放开视野、放宽政策、放胆试验、放手大干等方针，实行"三个一齐上"（一、二、三产业一齐上，大、中、小企业一齐上，集体经济、横向联合经济、个体和私营经济一齐上），大力发展非公有制经济等等，从而提升了当时特区的软实力，进一步改善了投资环境。

汕头特区建设初期，根据当地经济情况，提出"四个一片"建设构想，即开发一片、建设一片、投产一片、获益一片。这一思路和做法使开发的区域能迅速形成生产能力，获得经济效益，并得到中央和省领导的充分肯定，认为投入少、产出多、效益好。而特区根据当地实际创办的那一场"绿色革命"的前提，也是基于实事求是的朴素思想。当年的潮汕平原人多地少，四时果蔬不断，具有发展农业得天独厚的自然优势。汕头特区不断探索农业体制改革，着力发展创汇农业，并在国际市场上开辟了一个完全属于潮汕农产品的独特天地。1984年，广东省农村发展研究中心主持召开会议认为："特区办创汇农业是广东省经济特区的一个重大创举。"

汕头特区的建设者在经济建设的伟大实践中，坚定政治立场，坚守理想信念，勇于探索、大胆开拓创新，创新体制机制，涌现出许多全国"首创"和"率先"：借用"外脑外力"建设经济特区：我国唯一的经济特区顾问委员会；"24小时内答复"：汕头特区在全国率先实行政府机关对企业服务的承诺制度；《汕头经济特区个人独资企业条例》：全国首部个人独资企业条例；汕头设立我国首个经济特区创汇农业发展区；汕头大学：中国内地唯一私人基金会持续资助的公立大学；汕头市：全国第一个双季水稻"吨谷市"等等。

这些成功的案例充分体现了汕头特区建设者"敢闯敢试、敢为人先"的开拓勇气和创新精神。

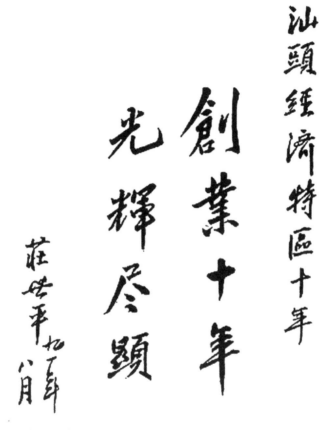

汕头经济特区十年
创业十年
光辉尽显
庄世平九七年八月

爱国侨领庄世平先生题词

汕头经济特区同时还是著名的侨乡，潮籍的海外华人华侨和港澳台同胞总数有1000多万，其中在港澳居住的也有200多万人，海外华人华侨和港澳台同胞大都爱国爱乡、敢为人先、团结助力、勤奋努力。特别是改革开放汕头创立经济特区以来，海外侨胞均对家乡建设和发展出谋献策、招商投资、搭桥牵线、联系客户，尤其是在宣传特区政策，扩大汕头知名度方面，广大侨胞更是群策群力，直接或间接地为特区的壮大与发展做出贡献。1984年建立顾问委员会，在当时全国4个特区中，只有汕头特区利用了这一独特的优势，先后在中国香港、澳门、北京、上海和加拿大等地成立顾问团，汇集海内外潮人精英，采取"请进来""走出去"等多种形式，加强对外联系与交流，牵针引线、群策群力，用周到便利的服务和优惠双赢的政策，鼓励吸引潮人同胞回乡投资建厂，促使汕头特区呈现出风起云涌的大好发展态势。

顾问团成员齐聚龙湖为汕头经济特区建设出谋献策（王瑞忠摄）

1981年中国沿海一起筹办的4个经济特区中，深圳近香港，珠海近澳门，厦门近台湾，而汕头的最大优势则在有人数众多的华侨。广大海外潮汕华侨心系桑梓，对家乡建设的参与热情极高。多年来缺乏桥梁纽带，经以庄世平、柯华等知名人士为主的各顾问团牵线，汕头与海内外终于形成一个互通互惠、共依共长的经济发展圈子——或者说，这个圈子所拥有的，还不单只是经济，更大地起到了桥梁纽带作用。

潮汕海外顾问团对汕头经济特区的侨务工作、市场信息掌握、人才管理、精神文明、外引内联、拓展市场、学习提高等各方面均给予针对性极强的指导和帮助，为汕头特区的各个阶段的建设提供了许多宝贵的建议。可以说，顾问团的参与特区建设与经济发展等事宜，大大地促进了汕头经济特区对外的知名度，开阔了特区建设者的眼界，拓展了特区制造与海外生产的互利渠道，并通过"外引内联"等行之有效的措施，使汕头特区在当时达到了前所未有的巅峰！

20世纪90年代初期的汕头经济特区

汕头经济特区的发展，一方面在于自身狠抓机遇、找准切入点，加大建设配套投入，另一方面在于继续大力借助广大的侨资侨力——而这也是汕头经济特区与其他特区发展的不同之处。

2014 年，国务院正式批复同意在汕头设立华侨经济文化合作试验区。试验区的设立，其中有一条不可忽视的因素就是：潮汕在境外有超过 1000 万的乡亲，其中不乏名商巨贾、俊杰英才，潮人有着强大的血缘凝聚力和家乡情结，这正是建设家乡的丰厚资产和强大力量。

龙湖新貌

至 2019 年底，汕头经济特区已同世界上 120 多个国家和地区建立了良好的经贸合作关系。

革命老区的发展

一、龙祥产业园区建设

党的十八大以来，龙祥街道在上级政府部门的领导下，全面统筹、精准发力，加快经济发展步伐，深化社会各项管理，维护辖区稳定，不断推动街道经济和社会各项事业的持续发展。特别是在产业园区建设上，龙祥街道更是有可圈可点之处。

街道辖区有占地1000亩和700亩的龙盛、龙新两个大型工业园区和春源、南方、夏桂埔、泰龙、如龙、新乡、华泰、洋边、凯达泓等一批村居自办工业园区，工业经济发展较快。主导产业有日化制造、机械制造、纺织服装、包装印刷等，尤其是日化制造业已形成聚集效应，较为著名的飘影、琪雅等品牌甚至拥有国际性的影响力。街道也因此被省科技厅批准为"广东省日化制造业专业镇（街道）"。以主打品牌牵头，第三产业随之蓬勃发展。其中餐饮、物流、仓储等第三产业正呈现出兴旺发展的态势，如天元大酒楼、众业达、创美药业等企业已形成较大的规模。至2017年，龙祥街道辖区内规上企业近50家，完成工业产值近28亿元。

龙祥街道在发展园区产业建设的同时，积极配合上级主管部门全力配套区域内的创建文明城市行动。其中的"崇文公园"就是这期间的一大惠民成果。龙祥街道主要通过实施以市容环境卫

生提升行动为重点的"九大提升",具体措施如下:

1. 依次推进,不留死角。自 2016 年全市创文工作开展以来,龙祥街道及各村居共投入资金超过 1200 万元,出动人力近 3 万人次,拆除占道建筑物、盲流窝棚、非法占用的养殖棚、各类违章广告牌等搭建物 7500 多处,涉及面积 20 万平方米。通过"拆除违建,还路于民"的系列工程的推进,龙祥街道的整体面貌得到很大的改观。

2. 破立结合,惠民利民。龙祥街道坚持以拆促建、以建带管、以管提质的工作思路,大力推进道路、市场等基础设施的建设。2016—2017 年共投入资金 960 多万元,完成泰山路西侧(龙祥段)、嵩山路两侧步道和东元南路、元兴南路等 6 条村道建设改造工程,解决片区群众出行难的问题,并在此基础上建成物资宿舍、下蓬镇政府宿舍小型健身广场两个,面积近 1000 平方米,为片区群众提供文体活动场地。而这些场地原来均是部分民众占用的集体零散土地搭建的小工场或小加工厂,长期以来存在侵、吞、占、冒等迹象。通过创建文明城市的行动,龙祥街道终于让街道恢复了以往应有的功能。

3. 搞好基础建设,力倡文明卫生之风。龙祥街道计划投入资金 1000 多万元,在泰龙、祥和社区建设 2 个农贸集市(综合市场)和泰龙、夏桂埔、周厝塭 3 个农村文化广场,并对部分道路和下水道进行改造建设,以满足周边群众的生活需要。在搞好基础建设的同时,龙祥街道注意强化管理、疏堵结合。街道相关职能部门抽调人手,组成城管执法队伍,配合市城管执法中队加强辖区内的执法力度。对企业及商户均落实了"门前三包责任制",并进行定期巡查,发现问题,立即着令企业商家进行整改。至 2019 年,该执法中队共查处辖区内环境卫生和城市管理问题 190 宗,罚款 25 万元,这在全市城管执法中队年度考核中排名第一。

如果说监管处罚是强制，那么，积极推进环卫作业便是街道的另一种管理，是"春风化雨"了。龙祥街道衡山社区试点成立老党员文明巡视劝导队，充分发挥老党员的带头示范作用。老党员劝导队自成立以来，每天定时间、定区域、定线路对辖区环境卫生、交通秩序、城市管理等状况进行巡查，并对发现的不文明行为及时进行劝导处置。经过劝导队近半年来的文明劝导，沿街商铺、辖区居民、过往群众纷纷给予点赞，参与文明建设的热情也被调动起来，辖区面貌和文明程度得到进一步提升。

4. 示范先行，打造亮点。龙祥街道积极探索创新"城中村"的管理模式，全面推进夏桂埔社区文明"城中村"示范点建设工作。至 2019 年底，共投入资金 800 多万元，完成嵩山路出入口改造、文化走廊建设、桂华路"穿衣戴帽"工程、综合市场改造等建设项目。另外，电力通信线路改造、文化广场建设、"视频＋门禁"系统安装、外来人口信息采集工作正在有序推进。外来人员党支部、社区志愿者服务点在社区创文强管工作中也发挥了积极的作用。

5. 以点及面，全面带动绿化、活化工程的建设。至 2019 年，龙祥街道在通过近一年半的创文强管工作中已积累了相当的经验，通过"拆建并举、破立共进"的综合治理，开始结合农村人居环境综合整治的总体部署而逐步推进园区的建设，并确立周厝塭社区作为示范点推进美丽乡村建设。计划投入资金 4241 万元，用于社区文化公园、田园风光带状公园、古村落文体广场等 13 个项目的建设。据龙祥街道 2017 年政府工作报告显示：周厝塭文化公园、中元古村落文体广场、浦江路升级亮化工程已启动建设。其中，周厝塭文化公园将于年底前建成并投入使用。并计划在此基础上，积极推进龙湖公园（暂定名）的建设。为配合龙湖公园的建设，街道仅用 10 天时间便完成泰山路花木市场 88 亩国土管养地上 1.48 平方米搭建物的清拆工作，并迅速将场地移交施工方进场建设。

6. 突出重点，系统管理。自创文强管行动以来，龙祥街道投入了大量的人力、物力和财力，开展农村人居环境综合大整治，以期达到建设美丽乡村的目的。按照统一部署，龙祥街道各村居自 2017 年初全面启动方案后，到 2018 年基本完成自然村的综合大整治任务。同时，突出示范带动作用，在年内完成建设 2 个区级示范村的总体目标。在整治行动中，街道要求以"一街一站"的模式推进汕汾路垃圾压缩转运站的建设，确保周厝塭东元、洋滨等 2 个已建成的垃圾压缩转运站正常运行，集中收集与处理各村垃圾，做到垃圾日产日清无积存，并建设可接入区级以上污水处理设施的全覆盖管道，主街道配备封闭式雨污水排放沟渠或管道，街道做到无污水横流。同时，街道管理处把美化市容市貌也当作一件重要的民心工程来抓。在街道、村居中做到各类标识牌整齐规范，无违章建筑，无乱搭乱建，无乱贴乱画等现象出现。道路、保洁养护常态化，道路整洁、畅通。

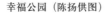

幸福公园（陈扬供图）　　　　　　　东池公园（陈扬供图）

另外，街道的"五个一"（确保每个辖区内至少有一个公园、一个文体广场、一个综合市场、一个农贸市场和一批公共用厕等）建设也正抓紧进行；在农村，主要推进河沟整治、农村改厕行动和规范畜禽养殖，并在有条件的村居开展污水管网建设及小型集中收集系统；同时推进沟渠整治等系列行动，系统全面、主次分明地对辖区内各村居的人居环境、生活生产等方面进行整治，以期园区建设成果更加理想。

龙祥街道在2016—2019年的人居环境大整治、大建设中，成效显著。其中周厝埙社区甚至被打造成公园式的人居生活环境示范区。周厝埙文化公园，东安文体活动中心，东元田园风光带状公园一、二期，中元古村落文体广场，老年人文化公园等一批建设项目相继完工。其中周厝埙文化公园项目占地面积10000多平方米，种植面积约6200平方米，以法制为主题打造具有地方特色的文化公园，建设景观绿化、长廊、宣传栏、木栈道、凉亭、健身广场等设施，主园区种植造型榕、木樟树、重阳木等大型乔木，已打造成区域新地标。而东元田园风光带状公园则因地制宜，在东泰路南侧建设以榕树为主题的榕树公园和东元田园风光带状公园，全面推进村居房前屋后绿化示范点建设，抓好各家房前屋后种树和村旁道路的绿化，汇成全村大绿化、一统化。中元古村落文体广场则以古民居片区为依托，在拆除违建的基础上，尽量保护古屋及周围环境的原貌，打造具有历史感的古村落公园，将具有一百多年历史的100座古民居保护起来，打造地方上著名的历史旅游景区。

与龙祥街道其他社区相似，周厝埙社区的集体经济收入主要以出租土地为主，居民大都外出打工或以种养殖为生。东元、中元等村委在街道的总体建设规划下，积极顺应农村供给侧结构性改革，新型产业发展，结合农村产权制度改革，以绿色农业、乡村生态旅游、古村落古民居旅游、养生体验产业为主导，利用好村中现在的1000多亩农田，发展田园综合体项目，让农民充分参与和受益，打造集现代农业、休闲旅游、田园社区为一体的乡村综合发展模式。新津河畔近 200 亩农田作为起步区将尽早启动。而在发展系列特色产业的同时，周厝塭居委将继续挖掘社区发展潜力，盘活集体资产资源，探索发展新路子，计划打造一批乡村田园综合体，改造农业农村基础建设设施，梳理农村道路体系，并升级改造现有民居，这样既满足村民生活的需要，又具备开发民俗民宿等旅游功能，打造"生态观光、农旅乡情"特色的社会主义新农村，实现农、商、文、旅等多项经营融合发展，探索创新促进社区发展新机制、新模式。

作为革命老区所在的如龙社区，其集体经济收入主要来源于外来企业在社区租用土地和厂房的租金，另外，还充分利用该社区在特区中所拥有的地理优势，大力开展招商引资活动。辖区内的如龙工业园、龙盛工业园云集了一大批规模以上企业。第三产业也逐步兴起。如龙社区在治安管理方面，也颇有业绩。社区在组建一支治安巡逻保安队伍的同时，社区敬老院的老人们还自发组成一支义务民事调解队伍，一旦发现社区中有不良现象和行为，立即上门调解或制止。义务民事调解队伍在化解民间矛盾、净化社风方面起到了不可替代的作用。辖区内还活跃着刑释帮教实体——鸿泰搬运队、禁毒队等一批省市综治维稳先进集体，为如龙社区建设平安、和谐、发展、稳定的社会做出了贡献。

二、外砂区域特色小镇创建①

（一）打造中华毛衫名镇

毛织业、农产品业、食品加工业等是外砂镇的传统优势产业。其中毛织业是外砂镇的传统支柱产业，它传承了南宋中原绣艺，

---

① 本书资料对外砂采集时间为 2018 年底，当时外砂镇尚未分析出两个街道，因此称谓在此处仍为"镇"，不采用现行的"街道"。

外砂镇政府（陈扬供图）

接受了外洋抽丝工艺的传播，所以，潮汕有"一个花规做潮绣，二支竹箸打毛衫"的说法。在 20 世纪 80 年代初，适逢改革开放，外砂人创造性地把潮汕地区传统的勾花、钉珠、刺绣等工艺糅合到了机织技术之中，使毛织服装从"保暖内衣"走向"时尚外衣"，完成了一次质的跨越，并由此树起了一面潮式毛衫旗帜。

外砂镇的潮式工艺毛织服装向来享有盛誉，产品以工细艺精、价格适中而远销国内外。自 2003 年汕头地区行政区域调整，外砂和新溪两镇划进龙湖区以来，外砂镇充分发挥自身地理优势，做好发展定位，大力整合各方资源，并走出以毛织、食品、种植、电子商务等一系列产业创新的发展路子，至 2017 年底，镇内拥有潮式工艺毛织服装企业 800 多家，其中规模以上毛织企业 11 家，从业人员近 2.5 万人，以民营经济为主导，形成了以蓬南工业区为重点的毛织服装生产基地。产品从设计、制造到营销，已形成了分工协作、环环相扣的产业链条及从产业服务到设施配套的产业集群。2019 年，外砂镇毛织服装业完成产值 52.34 亿元，占全镇工业总产值 52%，产业产值比上年增长 7.3%，潮式工艺毛织服装产品畅销国内外各大服装市场，为外砂镇的第一支柱产业。

近年来，外砂镇被省评为"广东省专业镇技术创新试点示范单位"，被中华全国总商会纺织服装商会授予"中华毛衫名镇"等称号。

外砂乡村一角（陈扬供图）

为确保潮式工艺毛织服装各项工作的正常开展，外砂镇始终坚持科学合理规划，确定发展方向，并制订了"四个结合"的实施方案：一是把产业集群建设与培育发展战略性新兴产业结合起来，二是把产业集群建设与传统产业转型升级结合起来，三是把产业集群建设与推进产业转移结合起来，四是把产业集群建设与提升自主创新能力结合起来。力求通过各项规划，推动产业集群建设水平再上新台阶。通过"四个结合"，将整个产业集群建设纳入全镇经济建设的大战略范围，从而为外砂镇的进一步发展奠定坚实的基础。

外砂镇积极发挥在政策方面的支撑作用，不断加大技术投入，帮助集群内企业向专业化发展，促进企业间的劳动分工，提高企业竞争力。主要体现在对公共基础设施的提供、对地方产业集群发展的政策扶持、对技术开发的支持、对知识产权的保护、建立行业协会等中介机构、规范市场行为和产品质量标准、对区域品牌的创建和宣传等方面。为加强企业之间的技术和信息的交流，促进新技术、新原料在经编生产中的推广和应用，进一步推动工业的提高，外砂镇积极组织技术人员参加各种类型的经编技术交流会，探讨毛衫企业如何判断形势抓住机遇，在技术改进、质量提高和产品创新上如何增强核心竞争力。群策群力，进一步推动全镇毛织、电子等产业健康有序发展。

把品牌建设作为推动毛衫产业发展的重点，加强领导、引导和服务，扎实抓好树名牌、创品牌工作。外砂镇现有"发运""蛐蛐"等4个省名牌产品，以及"发运""来尔华得"等5个省著名商标。另外，爱华毛织工艺有限公司和蓬盛实业有限公司等企业正在积极申报中国名牌产品和中国驰名商标。

在抓好品牌建设工作中，外砂镇切实抓好以下两方面工作：

1. 加强宣传，切实抓好品牌建设基础工作。在品牌建设工作中，外砂镇充分发挥服务职能，致力于加大宣传和引导力度，鼓励和帮助企业推进品牌建设工作。

宣传、引导、扶持、壮大等行动使外砂的毛织服装行业得以迅速发展。镇相关领导部门在这里所发挥的，是"当家人"的作用。

一方面是积极引导企业注册并规范使用商标、商号。积极帮助企业做好商标注册服务工作，引导企业积极运用认证认可手段，推进质量、环境、安全等管理体系认证，完善企业质量保证体系，提高和保障产品质量。另一方面是做好集体商标的设计、注册和管理。形成以行业协会为主体、企业共同参与、政府协调监督服务的品牌运营机制。建立质保、技术服务、检测等公共服务中心。在此基础上重视加大品牌宣传和保护力度。积极搭建论坛会、研讨会等宣传交流平台，提升区域品牌知名度。引导企业参加各类展销会、研讨会等活动，不断提升企业品牌的影响力。坚持创牌和保牌并举，加大法律宣传和执法检查力度，大力整顿和规范市场经济秩序，依法严厉打击假冒伪劣、侵犯知识产权等违法行为，营造有利于品牌经济健康发展的环境。

2. 拓宽渠道，切实抓好品牌的培育和发展。重视抓好品牌的培育和发展工作。一是坚持做大做强。深入实施扶优扶强战略，对重点企业和技术含量高、市场容量大的品牌产品，按照"一企一策、一品一法"的原则，给予重点培育、重点扶持，促进企业早出品牌、多出品牌、做大做强品牌。二是坚持外引内扩。大力引进国际著名品牌，鼓励贴牌企业加强与世界一流企业的合作，学习品牌建设经验，逐步打造自己的品牌。对已有品牌的企业，在做大做强自主品牌的基础上，鼓励其利用品牌资产进行扩张和联合，向外拓展。三是实施梯度开发。按照"贴牌企业创品牌、品牌企业创名牌、名牌企业上层次"的思路，确定培育品牌企业梯度结构，做到成熟一批、培育一批、成长一批、储备一批，使外砂毛织品牌产品连续不断增加。四是注重整合集聚。把"潮式工艺毛衫"和"中华毛衫名镇"等区域品牌建设与各类规划有机融合，进一步完善和细化产业发展规划，为区域品牌形成和发展提供空间制度保证。

在建设投资服务平台方面，镇相关管理部门针对中小企业融资难情况，切实加强银企对接工作，搭好企业项目资金需求与金融部门对接平台，缓解、解决企业融资难问题，通过银企合作，有效帮助企业解决融资困难的问题。

同时，通过政府的扶持政策，推动企业转型升级，实现节能减排的目标要求，提高生产效率，提高企业经济效益。先后完成了爱华公司、超盈公司等多家企业的生产线技术改造项目。针对毛织产业发展趋势和"用工荒"问题，镇政府积极鼓励企业引进电脑织机代替传统机械织机，进行数字化设计、数字化生产，提高生产效率和产品质量，较好地解决了"用工荒"问题，使产业集群走向一条科技含量高、经济效益好、资源消耗低、人力资源优势得到充分发挥的新型工业化道路。

外砂镇相关负责部门加强人才引进和培训，积极发挥中山大学中外管理研究中心爱华培训基地和工商管理硕士培训基地的作用，积极探索校企合作新模式，根据企业需求举办各类专业培训班，重点培养毛织服装设计、电子商务、对外贸易、管理等本土人才，"十二五"期间共开展各类培训15次，培训706人次，利用信息网络平台引进外地高级技术、管理、营销等方面的专业人才。举办潮式工艺毛织服装人才交流会，按照龙湖区《关于引进优秀人才来汕工作的若干规定的实施细则》的有关规定，为企业引进各类经营管理、技术开发人才，提高从业人员的整体素质。

按照总体规划、分期实施、分片开发、滚动发展的工作思路，加快盛发工业园区的基础设施建设和功能配套，力争将该园区建设成功能全、配套齐、环保型的省级民营科技园，成为汕头东翼经济产业带的主要基地。根据潮式工艺毛织服装产业集群发展的需要，整合有限的土地资源，改变工业项目布局零乱、分散的现象，以蓬南工业园区的建设为龙头，引导特色潮式工艺毛织服装项目入园，逐步把各工业园区建设成各具产业特色的工业园区。积极寻找依托大企业延伸产品链的切入点，充分利用资源，延长产业链，壮大和发展地方经济。有序转移低端生产工序，大力促进毛织产业链条向高端延伸与发展。一方面，有序转移劳动密集型工序。坚持政府推进和企业主导相结合，大力实施产业有序梯度转移，大力发展服务外包，实行跨区域资源调配。另一方面，建设毛织机械专业市场和毛织服装展览销售中心。使毛织服装产业集群从产品生产为主延伸到产品设计、生产、销售、服务各环节配套齐全的产业集群。

（二）创设电子商务名城

外砂镇位于新津河与外砂河围合的三角区域，是连接汕头市中心城区与澄海区的重要地带。沈海高速与汕昆高速在龙湖区内实现互通，在外砂设有出入口，可在半小时内直达潮汕揭阳机场、潮汕高铁站，具有优越的交通区位优势。便利的交通优势，使物流仓储成本大大降低，信息广告传播大大加快，也为发展电子商务产业提供先天条件。

2013 年，《汕头经济特区电子商务促进办法》的正式施行，无疑为外砂的电商运作提供了强有力的政策支持。从此，外砂的电商如雨后春笋，形成不可遏制的蓬勃发展的势头。汕头特区于 2014 年入选"全国电商百佳城市"和 2015 年获选"宽带中国"示范城市，其中就有外砂众多知名或不知名的电商的功劳。

2019 年，全镇常住人口 8.9 万，外来人口 1.8 万。从事毛织产业 2 万多人，占镇劳动力的 50%。拥有电脑编织机 10000 多台，有较强的生产能力和竞争力；仓储物流企业 16 家，金融单位及网点 12 家，商务酒店 3 家，电子商务公司和网店的市场主体达 400 多户，规模以上毛织服装企业有 11 家，两个街道企业获专利 412 项，现有"发运""蛐蛐"等 4 个省名牌产品和"发运""玉蕾""蓬盛"和"大树"等 4 个省著名商标。外砂镇相继被评定为中华毛衫名镇、广东省潮式工艺毛织服装专业镇技术创新试点单位、广东省潮式毛衫产业集群升级示范区、广东省潮织小镇创建示范点。

为进一步提高外砂毛织产业的产业竞争优势，近年来，一方面借力高校智库，通过邀请从事研究开发清洁生产染整新技术的武汉纺织大学副教授蔡映杰博士以及长期关注区域经济发展的汕头大学商学院教授胡少东，对外砂毛织产业进行调查研究，帮助破解产业发展难题，拓宽发展思路。另一方面大力发掘毛织的健康环保织造技术，引进了远红外线毛衫制造和无水液氨印染技术，上海环保节能洗、离、烘三位一体机，长沙新型环保节能锅炉和新材料纱线等新技术、新设备、新材料，为潮式毛衫注入了环保健康"属性"，为毛织产业可持续发展奠定基础。

随着全国电子商务的蓬勃发展，外砂镇先从人才入手，设立龙头村电商协会和龙湖区电商孵化基地，从门店设计、产品包装、摄影、策划运营等方面培训电商人才，通过网络渠道进一步拓宽传统产业的销售渠道，加快市场信息的更新对接速度，实现顾客需求与生产厂家的"无缝连接"，改变了外砂人以前"只会种菜、不会卖菜"的被动局面。同时龙湖区潮织商会、龙头电子商务协会吸引了一大批青年创业者利用外砂镇深厚的毛织产业基础，积极开拓毛织产业的电商路径，并取得了喜人成绩，成为外砂镇电子商务的"黄埔军校"。2017 年，据阿里大数据统计公布，外砂镇入围被评选为淘宝镇，镇内的蓬中村、李厝村和内陇村等 3 个村被评选为淘宝村。

结合产业发展情况，近年来外砂镇大力推进特色小镇的创建工作，规划面积 5.74 平方千米建设外砂潮织小镇，核心区用地面积 3.31 平方千米。以发展特色产业、加快创新转型、打造宜居环境、完善服务功能为重点，全力推进环保工业园区、龙东产业园、"一江两岸"、镇内主要道路和水电设施等重点基础设施建设，将特色小镇打造成"宜创、宜业、宜居、宜游"四位一体的新型城乡小镇，致力于打造更优良的营商环境，为电子商务发展打下坚实基础。

重视电子商务发展。外砂镇在全镇范围内积极鼓励年轻一代加入创业的行列中，支持各村创办各类电商协会，打造电商村，开展各种电商创业培训，向创业者讲解行业要点和发展趋势。目前，全镇已涌现出诸如龙头轮椅电商达人陈静銮等一大批新型创业者，为外砂镇的电商行业发展提供了不竭的动力。

镇主管领导部门积极探索传统特色产业与电子商务平台对接模式，以"互联网＋"为依托，大力提升传统毛衫产业的技术革新和营销模式，推动毛衫产业带"电"转型。借助龙头村在电子商务发展上先行先试的优势，积极联系争取各级政府和市互联网协会、中训电脑学校的支持，着力将龙头村打造为"电商村"。同时，利用龙湖区潮织商会、龙头电子商务培训基地、大学生电子商务创业园地（大树公司）的辐射，鼓励传统毛衫企业开拓电子商务市场，启动电子商务特色品牌打造工作，发展差异化、特色化电子商务品牌，形成分工明确，效益良好的市场竞争体系，力促传统产业通过电商的对接，在"互联网＋"的新时期发展中，取得更大的突破。

昔日的"红色土地"在今日的经济快速跑道上，再展辉煌。

1990 年，外砂镇李厝乡王佩君、沈惠青等 8 名共产党员充分发扬"共在红色家园，温暖滋润万家"的革命共产主义精神，致富不忘乡亲，倡议并组织一个民间福利组织——外砂李厝集义福利会，以"扶危济困、助人为乐"为宗旨。该会成立时 30 多人，至 2005 年增至 300 多人。十五年间共募集善款 180 万元，累计发放大米 1.6 万斤，衣服棉被 2 万多件，救助因病住院医治 520 人 45 万元，救助困难户 33 户 8 万元，帮助因贫困失学学生 220 人 14 万元，其他扶贫 727 人 38 万元。救助范围跨村、镇、县、省，远及河南、湖北、广西、湖南、福建等 10 个省、自治区，赢得社会广泛赞誉。

第三节

优化资源配置，振兴城市发展

作为汕头经济特区发祥地的龙湖，位于汕头市东部、韩江三角洲南端，东接澄海区、西邻金平区、南倚濠江区、北临韩江与潮州市的潮安县接壤。龙湖区辖5个街道（珠池街道、金霞街道、新津街道、龙祥街道、鸥汀街道）和2个镇（外砂街道、新溪镇）。全区总面积117.43平方千米，居住人口约90万人，其中户籍人口45万。1981年，国务院批准在汕头龙湖1.6平方千米范围建立汕头经济特区；1991年，汕头经济特区区域扩大到汕头市区，同年组建成立龙湖区，区域面积46.33平方千米；2003年，外砂、新溪两镇从澄海区划归龙湖区管辖。

龙湖是创新创业热土。龙湖辖区内有广梅汕铁路，厦深高铁联络线，深汕、汕汾、汕揭梅高速公路，规划建设中的城市轨道交通和火车站综合枢纽等重大交通基础设施，是全市交通网络最为密集的城区。拥有国家级输配电设备产业基地，超百亿产业集群2个（医药健康及装备制造、输配电设备）。高新技术企业2017年达124家，规上企业244家，限上企业393家，规上、限上企业总数位居全市第一，上市企业17家，其中主板上市8家。

龙湖发展效益好。龙湖区占汕头面积约1/20，人口占全市1/10，GDP占全市1/7，税收收入占全市1/3，限上批零销售占全市近1/2。全区GDP从2012年的209亿元增长到2017年的357亿元，年均增长11.3%，2012年人均GDP 3.9万元，率先达到全国平均水平，2017 年达 6.5 万元。一般公共预算收入从 2012 年的 9.24 亿元增长到 2017 年的 16 亿元，年均增长 11.6%，国地税总收入从 2012 年的 49.09 亿元增长到 2017 年的 86.8 亿元，年均增长 12.1%，占市税收比重从 19.4% 增长至 31.4%。连续四年在全市振兴发展考核中排名第一。

2018 年，全区实现 GDP 388.98 亿元，比上年增长 7%。其中第一产业增加值 7.04 亿元，增长 3.1%；第二产业增加值 152.37 亿元，增加 9.8%，其中工业增加值 127.19 亿元，增长 8.5%；第三产业增加值 229.56 亿元，增长 5.1%。全区三次产业比例为 1.81：39.25：58.94。

龙湖社会事业领先。龙湖区民生、社会事业走在粤东前列，连续十多年来每年实施"十大民生项目"，建立城市管理"24 小时巡视监管 + 半小时快速处置"机制，实施乡村居民医疗救助制度，实行老年人优待办法，实施长者呼援服务，成功创建"广东省推进教育现代化先进区"，多次被评为全国科技进步考核先进区、全国首批实施国家知识产权强县工程区、全国义务教育发展基本均衡区、全国文化先进区、全国人口和计划生育系统先进集体、全国民政工作先进单位、全国科普示范区、全国平安铁路示范区等荣誉称号。

在党的十八大召开后的次年，也就是在 2013 年龙湖区政府工作报告显示：五年间全区 GDP 年均递增 12.8%，超额完成区第四次党代会提出年均递增 11% 的目标；工业总产值、地方一般预算收入年均分别递增 15.6% 和 20.3%，全区 GDP、人均 GDP、工业总产值、全社会固定资产投资、社会消费品零售总额、财政总收入、地方一般预算收入等主要经济指标均比 2008 年底翻了一番多，经济发展目标责任制考核多年居全市前列，实际利用外资、进出口总额连续多年居全市各区县首位。龙湖区政府通过如下系列举措，使全区在政治、经济等领域处于同区县的前列：

一是产业结构逐步优化。加快农业产业化过程，新增区级以上农业龙头企业11家，农业总产值年均递增2.7%。引导优势工业发展，培育壮大六大产业集群。2010年六大产业集群创值占全区工业总产值81.7%，规模以上工业总产值年均递增16.9%。大力扶持服务业发展，编制现代服务业发展规划，打造三大物流中心，引进中国五矿集团合作开发粤东物流新城，启动六大商业综合体规划建设，社会消费品零售总额年均递增20.2%。

二是自主创新能力不断提升。输配电设备产业基地通过国家认定，被确立为省级输配电设备产业、潮式工艺毛织服装产业集群升级示范区，新增4个省级技术创新专业街道。商标品牌战略成效显著，有效注册商标年均递增26%，专利申请量和授权量连年居全市前茅。涌现潮宏基等一批竞争力较强的名牌企业，省级以上名牌产品和商标件数比2005年底增加1倍多。2013年全区高新技术企业对经济增长贡献率达34.5%。

三是可持续发展能力显著增强。珠津工业区南扩建设取得突破性进展，科学规划文化创意产业园、现代物流园、新津河"一河两岸"生态商住区。积极组织企业参加各类招商引资活动，累计引办企业1900家，总投资额约28亿元；引进外资项目102宗，实际利用外资2.39亿美元，全社会固定资产投资年均递增12.6%。优化企业发展环境，其中南洋电缆、凯撒、潮宏基、众业达等4家企业相继上市，一批企业总部或区域总部进驻龙湖。到2018年底，年产值亿元以上工业企业超过50家，6家企业获评省500强。

四是经济管理逐步规范。建立科学发展观考核评价体系，加强经济户口清理，理顺企业属地管理关系，完善税收征管措施，财政总收入年均递增19.4%。稳妥推进国企改革，海逸酒店等一批国有企业和国有资产实施改制上市出让,妥善安置2000多名职工,为1000多名困难企业职工续缴社保费。加强对财政资金、国有企业、领导干部经济责任和民生项目的审计力度,处理违规资金和管理不规范资金一批,上缴财政资金623万元。

作为汕头经济特区发祥地的龙湖,其实是拥有诸多同类别区域所无法比拟的优势,汕头经济特区发展的主要优势有:

一是侨资侨力侨智资源丰富。汕头是全国著名侨乡,目前在海外的华侨、华人和港澳台同胞335万人,遍布世界40多个国家和地区。潮汕人一向吃苦耐劳、积极进取、敢闯敢干,在潮汕人中尤其是在海外,涌现出一大批商界巨子和社会精英,在海内外影响巨大。侨资侨力侨智是一笔极大的财富,也是招商引资最重要的资源之一,汕头改革开放后直接吸收的外资中,90%以上是侨资。

二是民营经济比较发达。汕头民营经济起步比较早,发展比较好。改革开放初期,汕头经济特区就率先提出"四放"(放开视野、放宽政策、放胆试验、放手大干)方针,实行"三个一齐上"(一、二、三产业一齐上,大、中、小企业一齐上,集体经济、横向联合经济、个体和民营经济一齐上),放手发展民营经济。全市民营投资占全市投资的六成以上,民营企业户数占企业总数的九成以上,规模以上民营工业产值占规模以上工业总产值的六成左右,企业上市步伐加快,自主创新能力不断增强。

三是区位条件比较好。汕头经济特区临近西太平洋国际黄金航道,市区距香港187海里,距台湾高雄180海里。历来是粤东、赣东南、闽西南的产品集散地和商贸基地,也是内地面向海外的重要通道。随着厦深铁路的开通,汕头机场有望实现对外开放,港口建设步伐加快,随着交通基础设施的根本性改善,区位优势将不断增强。同时,汕头龙湖是广东省距离台湾最近的城市,南澳岛港距离台湾澎湖马公港仅 102 海里，两地人缘相亲、文缘相通、商缘相联，加强汕台商贸合作潜力巨大。

龙湖创建全国文明城市和创建国家森林城市取得成果（陈扬供图）

四是生态环境优良。一批湿地公园、森林绿化工程先后被认定为国家级和省级，海洋资源可持续发展、环境保护成效显著。这里青山绿水，湖面波光荡漾，候鸟成群南迁、白海豚嬉戏，海阔天蓝、风轻景美，一批特色小镇、休闲农庄、乡村旅游示范点先后挂牌。仅以 2018 年汕头市区空气质量为例，全年空气质量达标 353 天，达标率高达 96.7%。

五是积累了一定的发展条件。经过改革开放四十年来的积累和发展，汕头经济综合实力不断增强，为经济社会加快发展提供了较为坚实的物质支撑。汕头陆续建成了深汕高速、汕汾高速、广梅汕铁路等一批交通基础设施，形成以海港、空港为中心，高等级公路和铁路为骨干的海陆空现代化立体交通网络。科技、教育、人才、信息、商贸等基础较好，城市的集聚辐射能力较强。当前经济发展仍保持上升势头。

汕头经济特区继续发展的关键在于持续深入抓好习近平总书记系列重要讲话精神的学习贯彻工作，全面系统地学，联系实际地用，知行合一地十，切实用习近半新时代中国特色社会主义思想统揽一切工作；要用好改革开放关键一招，按照习近平总书记指引的方向，把握改革开放四十周年重大契机，坚定不移深化改革、扩大开放，加大创新驱动力度，推动形成全面开放新格局，擦亮新时代经济特区"金字招牌"；要推进省域副中心城市建设，打造全国性综合交通枢纽，全面提升城市功能，打牢产业基础，加快成为牵动粤东发展的强大支撑、重要引擎；要营造良好发展环境，不遗余力建设法治政府、法治社会，强力维护社会和谐稳定，营造重商、安商、亲商的市场环境，提升城市竞争力、吸引力、软实力；要牢固树立"绿水青山就是金山银山"理念，坚决打好污染防治攻坚战和生态文明建设持久战。把实施乡村振兴战略摆在优先位置，推动农村生态环境根本性改善，实现乡村产业、人才、文化、生态和组织全面振兴；要推动全面从严治党向纵深发展，始终把政治建设摆在首位，在抓落实中锤炼严实作风，为改革发展提供坚强政治保证和组织保证。

一、创建全国文明城市

2016 年 5 月 17 日，汕头市委、市政府召开创建全国文明城市强化城市管理工作会议，向全市发出了"争创全国文明城市、提升城市品位和文明形象"的动员令。

市领导在会上特别强调：创建文明城市，强化城市管理，不仅仅是为了拿全国文明城市这块"金字招牌"，更重要的是要让这里的人们过上文明幸福的美满生活，让海内外潮人对汕头更有归属感、认同感。要以创建全国文明城市为抓手，坚持创建为民、创建惠民，把"文明牌"当作"民生牌"，做成"民心牌"，切实提升城市文明程度，真正把汕头打造成一个宜居、宜业、宜创新的城市。

5 月 18 日，龙湖区响应上级创建文明城市的号召，向全区社会各届和广大干部群众发出呼吁：紧紧围绕"两个定位、四个引领"的要求，以更高的目标、更大的决心、更严的要求、更实的举措，确保龙湖走在全市创文前列，真正把龙湖区打造成创新之区、首善之区。

城市文明的提升，百姓素质的提高，城市管理的规范，必须在路上。文明城市的创建不是一时一事，绝对不是一阵风、也绝对不能一阵风，一定要扎扎实实把工作抓到底。随着汕头市委、市政府向全市人民发出"创建全国文明城市"的号召之后，龙湖区迅速行动，连续开展"绿满家园"和"千村环境整治"大行动。从城区到农村，连片整治和生态示范区的建设同时进行，全区建成 12 个省级、市级绿色社区、学校，紧紧围绕全市统一部署，举全区之力开展创文强管工作，统筹推进创文"九大提升行动"。全区广大党员干部凝聚各界力量，顶酷暑、战高温，"5 + 2""白加黑"连续奋战在创文一线，强力推进"拆除违建、还路于民"，开展"八大清拆行动"，至2019年10月，全区在"边拆边建、以建促创"的总体要求下，累计投入财政资金近10亿元，完成5个小区升级改造，实施69条市政、区间道路和人行步道的建设，推进10个农贸市场改造升级，建设12个公园、绿地，打造14个先行点，新建3个农贸市场和15个垃圾压缩站。尤其是庐山路拆迁建设，龙湖村、夏桂埔城中村治理，金晖庄社区改造建设，妈屿岛环境整治等受到广大人民群众的交口称赞。

龙湖创文的主旨，既重在拆，也重在建；同时，更应注意巩固成果、防止反弹。因此，就在全区上下进行的轰轰烈烈拆迁行动时，龙湖区所着手完成的，是全区的网格化、市场化、规范化、信息化、长效化、制度化的"六化"建设，并借此建立工作机制，压实日常管理责任，确保城市管理顽疾不回潮、不反弹，从而巩固创文成果。

在创文整体规划中，全区可具体划分为54个网格，建立全区三级干部分片包干责任制，实行定人定格定责，要求各村居（社区）"两委"干部切实履职尽责，每天都要定时间、定人员、定线路巡查，将巡查情况记录在册。要求城管执法人员、协管人员敢抓敢管、善抓善管，处罚情况3天一通报。

同时，要求各部门加快推进"数字"城管，全区数字化城市管理正式试运行，在区政府周边6个路段部署34个户外摄像头和2台摄像机，实时监控占道经营、违章停车、流动摊贩、黑烧烤等不文明现象并即时落实整改。整合"平安龙湖"1万多个闭路监控视频，在所有在建工地安装视频监控实现24小时监管。

百姓生活无小事。龙湖区创文办在加快全区环卫作业市场化步伐的同时，积极深入开展临街商铺和"六小场所"、城市"牛皮癣"顽疾、学校周边环境、市场及周边环境、修车店洗车场、户外违法违规广告等专项整治行动。出台日常执法工作手册和操作规范，推行沿街商户招牌统一规格统一设置；严格落实门店"门前三包"责任，在全区范围评选"门前三包"示范单位、示范路段、示范户，给予授牌和奖励。

创文办同时制订完善全区各涉农和农村村居《村规民约》和城区居委《文明公约》，全面提高民众文明意识。修订全区创文强管督查方案，下督两级到村居，既要全域覆盖，又要突出重点，对于重点区域、重点部位做到多轮督查、多次回头看。推行机关干部"散步＋巡查"管理制度，做到第一时间发现问题，上报问题，落实整改。

一场没有硝烟的战斗磅礴展开，干群勠力同心，同心同德，乘着创文强管的劲风，从重点到难点，从热点到焦点，一个又一个地突破，干成了一件又一件以前想干而没干成的事！金环南拓通工程迅速启动；攻克庐山北"断头路"；取缔占道夜市和马路临时集市、创建新型市场；破解外来人口管理难题，实施"视频＋门禁"的科学管理手段；强力杜绝酒驾，"喝酒不开车，开车不喝酒"已深入人心。龙湖社会风貌风气全方位提升，干群的精气神大振，加快发展的信心大增。

通过创文强管大行动，龙湖村原来杂乱无章的面貌焕然一新；金晖庄多年积压的行路难问题得以解决；汕汾路的失管窝棚消失了，取而代之的是一座崭新的崇文公园；黄河路变美了，千米文化墙生动阐述创文故事；珠江路夜市换新貌；天山路更顺畅了，G324国道更宽阔了；妈屿岛整体生态环境更好了；龙湖在整治占道经营的同时，为摊贩建立了临时疏导市场，在拆除违章建筑的同时，为居民规划设计了绿化公园，有序推进，多头并举，使创文强管工作成为一项德政工程，不忘汕头开展创文行动的"初心"，真正把汕头打造成一个宜居、宜业、宜创新的城市……

龙湖创文后的绿地公园（陈扬供图）

　　龙湖区在行动中，不仅极大程度地带动广大群众共同参与，而且在政府部门也推行严格的管理制度，如创新"一门在基层，服务在网上"的政府管理服务模式，实现网上办事大厅284个项目提速30%；发挥党员"五个模范"的带头作用，派驻50个工作组驻村蹲点，全脱产半年督导乡村环境提升；大力培育和践行社会主义核心价值观，激励弘扬良好的社会风尚。

让文明创建变成社会的生产力。各组数据表明，2019 年全区各项经济指标从第二季度开始逐步加速并在全市位居前列，推进供给侧改革开局良好。经济发展的可喜变化彰显了龙湖营商环境的改善，强化了投资信心，增强了经济发展原动力。正如一位市领导所说的："当前汕头正以创文为抓手，优化城市环境和发展环境，提振精气神，提高工作效率，营造干事创业的良好氛围。"

人们的观点开始转变。对文明社会秩序的需求，对文明城市环境的呼唤，已成为全区人民的共同心声。如果说，创文刚开始时，很多市民还抱着观望的态度——"一阵风"式的整治以前并不少见。然而，随着行动的推进，一个个"痼疾"根治，一个个"潜规则"被打破，现在，人们看到政府的决心，感受到文明环境的舒适和惬意，看到社会的进步，市民自觉成为文明的推动者、监督者、创造者，"钉子户""对抗者"纷纷转身成为创文的积极支持者。

创文理念已深入人心，环境质量在持续优化。道路变宽了，高楼变美了，临街商铺规范整洁了，大街小巷干净了，交通有序了，泥头车掉渣土不见了，路边摊进入重新规划的营业区……这些变化，真真切切地发生在人们身边。一批主题公园建成启用；汕汾绿化带建成了优美的带状公园；黄河路沿路开始修建"千米文化墙"。区路道两旁，布设了"社会主义核心价值观"的景观画和地方特色文化展示橱窗……这些赋予潮汕文化及社会主义核心价值观内涵的文化墙和主题公园，绿意盎然的街心公园，成为城市亮丽的风景线。

干部作风大改变、大提升。在全市召开的各种创文工作汇报会上，每次大家都无一例外地听到对各级党员干部在创文工作中的拼搏和辛劳的赞扬。领导看在眼里，群众更记在心头。以创文促发展的理念深深地被各级党员干部所领会和理解，迸发出来的创造力是无穷的。各级各部门广大干部自觉开启了"5＋2"和"白加黑"的工作模式，领导带头坚守一线——不是走过一阵风，而是死守紧盯，亲自指挥、督促。有基层干部整天戴着草帽，在烈日下工作而被市民称为"草帽哥"；有干部整天在道路上执勤而被称为"路长"；区委大楼，多个部门夜以继日加班，整夜办公室灯火通明，干部们都在忙碌地工作而被广大市民称为"夜总会"。这是市民发自内心的称赞！全区大范围地开展"机关干部休息日义务劳动"感动了无数市民，是干群密切联系的一个侧影。看到干部们在烈日下挥汗如雨，不少市民自发端茶送水，一杯茶，传递着对创文的拥护和点赞。

龙湖区在创文行动中，注重将社会主义核心价值观和道德观融入文明创建的全过程，以提高全民道德素质为出发点和落脚点，以"九大提升行动""大服务、大提速、大提效、打造阳光法治新龙湖"专项行动为抓手，依托各类主题活动，强化优秀典型带动引领作用，全方位、多维度、跨界别、广渠道开展多层次、多形式、高密度的宣传教育活动，营造良好的社会氛围，推动创建工作向纵深前进，真正将文明理念转化为广大群众的思想和行动自觉，形成讲文明、齐创建的好风尚和正能量。

实践证明，创文强管工作是得民心、顺民意、惠民生的德政工程。龙湖区党政干部和广大人民群众充分认识到，通过开展创文强管工作，龙湖全区的城市形象得以改善，城市品位得以提升；干部作风得以改进，干群关系更加密切。龙湖区将创文行动打造为全民共建共享、培育文明素养的新载体，转变为优化营商环境、助推振兴发展的强动能，走出了一条富有龙湖特色的创文新路子。

通过开展创文强管工作，创出了城乡环境的新面貌，更创出了共建共享的新水平，创出了干事创业的新风气，创出了龙湖振兴发展的新局面。

二、发展地方民营企业

龙湖地区的民营经济一直相当活跃，外来投资增长迅猛，这使得龙湖地区成为粤东地区最具活力和潜力的产业发展大平台之一。2012 年，海湾新区实现规模以上工业总产值 152.94 亿元，占全市的 7.2%，已形成纺织服装、食品医药、工艺玩具、机械装备、印刷包装、电子信息等支柱产业。近年来，动漫产业、锆产业等新兴特色优势产业快速发展，为海湾新区经济发展注入了新的活力和动力。随着中交集团、中信集团、中核集团、五矿集团、西北航空科技集团等央企和阿里巴巴、苏宁等大型民企到海湾新区投资兴业，原来的"小、散、低"产业发展格局发生明显变化，正在形成"龙头带动、高端引领、集群发展"的集团化、规模化、国际化的营商大态势。

根据总体规划，海湾新区将以培育有竞争力的大企业为核心，按照高端化、品牌化、集群化的要求，着力培育有影响力的大产业，加快建设产业发展的大平台，构建富有活力的创新体系，打造粤东现代产业高地。

未来的汕头经济特区，存在着诸多的发展可能性——如高端电子信息产业：抓住产业结构调整与优化升级的良好机遇，加大引才引资引智力度，加强与珠三角等地电子信息产业分工合作，强化创新能力提升，重点发展电子元器件、卫星导航及通信设施、高端消费电子产品，培育发展云计算、物联网、3D 打印等新兴产业，打造新一代信息技术产业化基地。

大数据产业的发展：发挥海底光缆登陆、电力保障充沛和华侨资源富集等综合优势，加强与国家互联网应急中心等的战略合作，加快国际数据园区建设，先行先试，探索发展离岸数据业务，全力争取国家和侨商主要行业数据处理与服务中心以及 IT、互联网等高端数据应用类行业巨头入园发展，建设国家级大数据处理中心和信息资源聚集服务区，打造龙湖"数据特区"。

龙湖潮创智谷（陈扬供图）

工业机器人、通用航空等高端装备制造业：依托现有精密机械、数控机床、包装机械等产业基础，服务东部沿海地区产业转型升级需要，抢先发展制造环境下作业的工业机器人，探索发展仓储、搬运等非制造环境下的服务机器人。以小型公务/商务飞机、教练机和新型直升机为重点，积极承担国际航空转包制造业务，发展通用航空飞行器等高端制造产业，为龙湖的科技和高端产业的崛起奠定坚实的基础。

三、环境保护与经济发展同步进行

汕头特区的碧海蓝天也是这一区域在未来博弈中胜出的可能。汕头特区以东海岸新城、南滨新城、粤东物流新城、南澳生态旅游区等开发建设为重点，建设自然和人文景观完美融合的绿色生态新区，高标准打造生态集约、宜居宜业的山水人文海湾新城。

打造沿滨海大道、片区北侧排沟、新津河堤岸、外砂河红树林生态湿地等滨水地带，设置各类绿地公园、生态公园、亲水平台、公共活动广场以及市民健身设施等，营造功能齐全、景观优美的水岸生态长廊，充分展现新城滨海、滨河的水韵之城特色。以蓝水星公园、滨海大道、新津河堤岸景观的空间渗透和片区内部绿色开敞空间为纽带，塑造商业金融、高级住宅和公共服务建筑群、滨水绿化休闲带以及城市公园等国际化都市景观。

实施公共交通引导城市开发（TOD）和公交优先发展战略，加快城市轨道交通建设，推动滨海大道和中山东路东延线快速公交系统建设，提升公共交通和慢行交通的出行比例，鼓励采用电动自行车替代摩托车出行，提高液化天然气（LNG）公交车等清洁能源运输工具的比例，构建以轨道交通和快速公交为骨干，小汽车交通、自行车交通、水运交通和步行等多种交通方式无缝衔接的低碳综合交通运输体系。

新建建筑严格执行建筑节能标准，鼓励实行建筑能效标识制度。在新建 12 层以下具备太阳能集热条件的住宅建筑强制配置太阳能热水系统，率先在公共建筑、市政工程、高档住宅等新建建筑实施太阳能光伏建筑一体化（BIPV）示范工程。在大型公共建筑推广高效节能、技术成熟的 LED 灯、T5 型灯以及稀土三基色荧光灯等。鼓励在具备条件的建筑试点建设天然气分布式冷热电联供系统。

保留韩江出海口大面积天然红树林，形成咸淡水交错的复合式水生态系统，建设集河口生态、红树林保护、海洋文化、海滨游览于一体的城市湿地红树林公园。在新城内部沿河道、湿地建设楔形绿地，形成与区域联系的生态廊道，在外砂河、滨海大道等河道和对外通道两侧设置防护绿化带，为新城提供生态屏障。结合自行车道和步行系统，建立覆盖范围广阔的绿廊系统，构建"河流—湿地—绿地"多层次生态网络。

随着2021年亚洲青年运动会在汕头举办的脚步临近，龙湖区各项公共基础建设也如火如荼地进行着。东海岸新城一带延伸至粤东沿海地带，各类配套设施、道路、绿化、景观如雨后春笋般拔地而起。创森、创绿、创文等多项行动的深入拓展，让城市更绿、更美、更宜居宜业的活动持续开展，龙湖无疑成为中国未来城市群最具活力、最具竞争力的城市之一，那是因为龙湖拥有更多的绿色和环保，拥有更多的"天然氧吧"和蓝色大海。

龙湖经济产业园远景（陈扬供图）

四、多方凸显区域核心地位

汕头经济特区早在2011年扩大到整个市域范围后，海湾新区作为汕头经济特区核心区域的地位更加凸显，是新时期汕头经济特区深化改革、创新发展的"试验田"，是汕头二次创业、提升"大粤东"地区中心城市功能的战略支撑，是加快推进汕潮揭一体化、实现粤东振兴的核心载体，是广东实现"三个定位，两个率先"战略的重大平台。

海湾新区地处粤闽台金三角中心地带，是珠三角和海峡西岸经济带的重要连接枢纽，拥有亚太地缘门户的独特区位优势。向东与台湾隔海相望，距高雄港162海里，有条件成为广东对台经贸往来的桥头堡；向东北与厦漳泉经济区相连，厦深铁路通车后与厦门的经济联系更加便捷，将成为海峡西岸经济区的重要板块；向西南可深度融入珠三角发达地区，是珠三角连接海峡西岸经济区和长三角地区的重要连接点；向西北通过广梅汕铁路、阜鹰汕铁路，可辐射广大内陆腹地，是粤赣闽交界地区的重要出海口。

海湾新区资源组合优势突出、陆海发展空间广阔，是中国沿海地区最具开发潜力的战略性板块之一。海湾新区规划的480平方千米范围内，有近70平方千米的工业与城镇建设用海区域，便于统筹规划开发建设，有助于解决长期制约汕头发展的土地瓶颈，为优化中心城市布局、培育高端要素集聚平台、促进产业转型升级提供了新的发展空间。2570平方千米的广阔海域拥有丰富的鱼类、甲壳类、贝类、藻类等海洋生物资源和海岛、沙滩等特色旅游资源，为发展海洋产业提供了资源保障。

海湾新区是潮汕华侨走向世界的起航地，也是海外华侨回馈故乡、置产兴业、报效祖国的归宿地，是中国最具华侨投资潜力的地区之一。至2019年，海外潮汕人约1500万，占海外华人的30%左右，其中约80%集中在东南亚地区。经过百年发展，海外潮商积累了深厚的政商人脉，对东南亚地区经济社会具有重要影响。充分发挥人缘、地缘、亲缘优势，搭建侨商汇聚的发展平台，吸引海外华侨的资本、人才、技术和产业集聚，将有效推动海湾新区开发建设，使潮汕地区重现"百载商埠"的繁荣。创新涉侨经济文化合作方式，增强侨商资本活力，促进侨乡产业发展，提供优质涉侨服务，构筑华侨精神家园，把新区建设成为世界潮汕人经济门户和华侨文化合作新平台。

长期研究汕头社会和经济发展的专家指出：扩大对侨资开放领域，允许涉侨资本进入电力、石油、天然气、电信等行业和领域，吸引侨资参与设立医疗、教育培训、新闻广电和数据服务等机构，鼓励侨资更多参与交通基础设施、市政公用事业建设和商贸流通、金融等行业发展，努力实现侨资侨智良性互动，坚持引资与引才引智相结合，以侨资扩容增值开创华侨人才回乡创业新局面。加大华侨人才引进力度，优化人才使用和发展环境，配套提供鼓励扶持政策和优质公共服务，重点吸引金融贸易、科技研发、商务会展、教育文化、医疗卫生等领域的顶尖华侨人才和高端人才团队，多种形式参与海湾新区建设，可为华侨经济发展提供人力资本支撑。

发挥侨资带动作用和新区体制及政策优势，大力吸引知名跨国公司和大型央企进入新区植根发展，加快形成龙头企业引领、侨乡中小企业配套延伸服务的若干产业集群。充分把握海外华侨知识精英群体性崛起有利趋势，挖掘华侨"智力库"资源，与华侨科学家、技术专家及研发团队建立多种形式的合作机制，在新区设立研发中心、产学研一体化基地和科技成果转化平台，提升新区产业科技含量和产品附加值。积极利用海外侨商的国际化商业网络、营销物流渠道和商誉声誉，建立侨乡本土企业特别是民营中小企业面向海外发展的战略平台。

通过提供优质涉侨服务建立华侨创业服务中心，提供工商注册、账户设立、法律咨询、人才落户、资金融通方案等一站式服务，简化手续程序，缩短办理时间，实现对符合一定专业技术和年龄条件的新生代返乡创业华侨华人的吸引力，让更多侨二代、侨三代回到家乡投资创业，共谋发展。

完成填海造地的东海岸（陈扬供图）

崛起的东海岸（陈扬供图）

用好特区立法权，提请广东省和中央政府批准先行先试，实行港澳台胞和侨胞在新区工作享受城镇职工医疗保险待遇，其在新区居住的未就业亲属享受城镇居民医疗保险待遇。吸引侨资和境外知名机构设立国际学校，方便在新区工作的港澳台胞和侨胞子女就近享有优质公共教育资源。在南滨新城高标准打造公寓式、酒店式和别墅式养老服务设施，提供多种方式的服务融资方案，满足多层次养老服务需求。面向候鸟型、省亲型、休闲疗养型、叶落归根型养老服务需求，引入专业化服务团队，提供多样化服务选择。在海湾新区高起点规划建设大型华侨文化展示中心，系统介绍潮籍华侨"走出去"历程，集中展示侨批档案等华侨文物和文化遗产，全景展现华侨精神、华侨对祖国经济社会发展贡献以及新时期海外华侨社群工作生活风貌。

面向全球华侨华人和港澳台胞，打造"侨博会"等具有世界影响力的经济文化交流合作平台，有计划常态化开展寻根祭祖、回乡省亲、节庆团拜、侨团联谊、商务洽谈、项目对接等交流活动，服务广大华侨华人，推动侨乡发展。

建立新生代华侨华人乡情文教实验基地，体验式地教授中华传统文化和潮汕特色文化，弘扬华侨华人长期形成的孝亲、勤俭、重教文化传统，增强青少年华侨华人对祖国和家乡的归属感，让海内外纽带关系更紧更密。

龙湖产业园群（陈扬供图）

随着全球大经济体系的深化和结构转变，环境、生态、民生等字眼及其内涵无疑会越来越受到人们的关注和重视。可以说，拥有优质的环境和良好的可持续发展生态圈，对一个城市来说，无疑会增加更多在未来全球发展竞争中的天然优势。

汕头特区同时有着天然的海港，汕头港毗邻西太平洋国际黄金航道，是粤东地区条件最好的天然深水良港之一，是中国沿海25个主要港口之一，是中国沿海综合运输大通道的重要节点。经过多年建设，汕头港已形成"一港九区"的发展格局，拥有万吨级以上泊位19个。2012年港口货物吞吐量突破4500万吨，正在向建设亿吨大港目标迈进；集装箱吞吐量达到125万标箱，进入全球港口集装箱吞吐量百强行列。至2019年汕头港与58个国家和地区的272个港口有货运往来，与中国香港、泰国、日本、韩国、东南亚、西非等地有集装箱定期货运班轮，内贸集装箱班轮航线网络基本形成，覆盖全国主要港口。随着汕头港港口布局由内海湾向外海湾调整，疏港铁路和广梅汕铁路扩能建设加快推进，港口发展的腹地空间进一步拓展，有条件打造成为粤赣闽交界地区最大的门户港。

构建港口基础设施、陆域集疏运网络与港航服务企业协调衔接，功能配套完善的港航服务体系，强化汕头港国家沿海主要港口功能，建成辐射粤东服务周边、连接港澳台与东南亚、通达世界的区域性综合交通枢纽。

围绕打造亿吨深水大港目标，重点推进广澳港区大型集装箱泊位、专业化泊位及配套堆场、仓储、综合性物流设施建设，加速完成汕头内海湾港区改造，加快港区主要航道和韩江内河航道及泊位建设，积极推进涉港服务体系建设。

依托汕头综合运输网络，加快建设广澳港区集疏运陆上通道。以疏港铁路及港前站建设为重点，形成汕头港口疏港铁路系统框架。以全区及过境高等级公路网络为骨架,建设相关联络线、跨市区通道和迂回线路,形成汕头港口大能力公路集疏运路网。适时启动内河码头与航运体系建设,全面提升港口集疏运能力。

积极引进国内外大型港航服务企业,加快培育本地港航服务企业,鼓励企业兼并重组,培育发展港航服务企业集群。积极探索第三方物流等新型服务模式,提高港口物流与运输的组织化程度。提升企业服务水平和能力,促进汕头传统港航服务业务向上下游延伸,建立与后方腹地之间长期稳定的合作服务关系,建设粤东国际化临港综合服务贸易中心。

五、敢为人先的特区精神薪火相传

2011 年汕头市龙湖区第五次党的代表大会工作报告显示,龙湖区在过去的五年是发展不寻常、不平凡的五年,也是发展速度最快、成效最明显的五年。而龙湖区之所以取得如此骄人的成绩,关键还在于产业结构的逐步优化,引导优势工业发展,培育壮大六大产业集群。2010 年底,六大产业集群创值占全区工业总产值81.7%,规模以上工业总产值年均递增 16.9%。

龙湖区通过大力扶持服务业发展,编制现代服务业发展规划,打造三大物流中心,引进中国五矿集团合作开发粤东物流新城,启动六大商业综合体规划建设,社会消费品零售总额年均递增 20.2%。

通过产业结构的优化和引导,龙湖区自主创新能力不断提升,输配电设备产业基地通过国家认定,被确立为省级输配电设备产业、潮式工艺毛织服装产业集群升级示范区,新增 4 个省级技术创新专业镇(街道)。而随着产业结构的分配和结构型产业的技术化、精细化、趋分化日益明显,区内企业对商标品牌意识也提到一个相当的高度,企业战略成效明显,有效注册商标年均递增

26%，专利申请量和授权量连年居全市前茅，并涌现出潮宏基等一批竞争能力较强的名牌企业，省级以上名牌产品和商标件数比 2005 年增加 1 倍多。2010 年全区高新技术企业对经济增长贡献率达 34.5%。

龙湖区在发展经济的同时，积极组织企业参加各类招商引资活动，注重可持续能力的增强，彻底摒弃了以往的"以环境代价换取经济利润"的"杀鸡取卵"的短视行为，而是一边扩大企业数量和提质升级，一边科学规划文化创意产业园、现代物流园、新津河"一河两岸"生态商住区，珠津工业区南扩建等工程项目均取得实质性的进展。在优化企业发展环境的过程中，南洋电缆、凯撒、潮宏基、众业达等 4 家企业相继上市，一批企业总部或区域总部进驻龙湖。到 2010 年，年产值亿元以上工业企业超过 50 家，6 家企业入选省 500 强。而随着企业的壮大发展，区的经济管理也逐步规范化，龙湖区通过建立科学发展观考核评价体系，加强经济户口清理，理顺企业属地管理关系，完善税收征管措施，通过一系列行之有效的管理措施，区财政总收入年均递增 19.4%。同时，稳妥推进国企改革，龙湖区内的海逸酒店等一批国有企业和国有资产实施改制上市出让，妥善安置 1200 名职工，为近 1000 名困难职工续缴社保费。也正是龙湖区政府所做的这些大量的前期发展铺垫工作，大力改善人文环境、城市环境、社会环境和民生环境，让发展成果更多惠及辖区群众，才有了党的十八大以后，全区经济发展质量的不断优化，经济指标翻番变化喜人的成果。

与 2011 年相比，全区经过五年的努力，2016 年 9 月召开的中共汕头市龙湖区第六次代表大会报告显示，作为"十三五"规划开局之年和汕头经济特区成立 35 周年之际，龙湖区实现转型发展、经济增长、城区地位提升、人民群众得到实惠最多的五年。

全区通过认真贯彻落实党的十八大和习近平总书记系列重要讲话精神，深入贯彻省委、省政府促进粤东西北振兴发展战略和市委、市政府的决策部署，主动适应新常态，狠抓"三大抓手"，经济质量显著提升，各项事业蓬勃发展，民生福祉切实改善，社会大局和谐稳定，党的建设取得新成效。

全区通过优化产业结构，采取"强二进三促升级"的战略部署，三大产业结构从 2.5：58.1：39.4 优化为 2.6：40.6：56.8。实现转型发展取得新的成效，两个"国字号"——国家光机电和输配电特色产业基地同时建设完成，光机电基地被认定为省外贸转型升级示范基地，龙湖输配电设备、外砂潮式工艺毛织服装 2 个产业集群被评为省级产业集群升级示范区。一批"龙湖制造""龙湖质量"的项目和产品陆续亮相国家和省级的舞台。现代服务业也呈现出蓬勃发展之势，引进的中国五矿、中交、中铁、中海、华润、中信等一批央企和苏宁、国美、碧桂园等著名民企，对龙湖的产业集群壮大起到了巨大的推动作用。上市企业"龙湖板块"由 2011 年的 4 家增至 2017 年的 12 家，第三产业增加值对 GDP 贡献率达 62.8%。

另外，中国驰名商标、省著名商标也相应增加，专利申请量和授权量分别比"十一五"时期增长 23.54% 和 35.45%。

龙湖区的"东拓北延"的大发展格局稳步推进，区域作为粤东核心商区的辐射带动能力日益凸显。

所谓"东拓北延"是指积极对接华侨试验区平台建设，打造汕头湾区核心区和粤东商业商贸中心。在市规划建设珠港新城、东海岸新城的基础上，积极谋划城市中轴线商务文创带，新津河"一河两岸"生态轴线、内海湾至外海湾（东海岸段）滨海都市发展轴线；谋划新溪、外砂特色小镇，推动新东区新型城镇化建设；规划建设粤东物流总部新城、龙东新兴产业园，通过产城联

外砂街道（原外砂镇）日渐成为龙湖区工业发展、旅游休闲的一处胜地（陈扬供图）

动，全力打造粤东核心商区，至 2019 年 11 街区已有华润万象城、苏宁广场、百脑汇生活广场、华银商业综合体等商业综合体入驻，有喜来登等五星级酒店、国际会展中心、汕头图书馆、广场等集聚，全力打造新城市中央商务区（CBD）。长平新一城、星湖商业城等一批城市综合体项目集聚效应日渐凸显。大力发展总部经济和楼宇经济，推进雅士利总部·天澜国际、联泰新城中心、超声研究所总部等建设。推进园区扩能增效，构建现代工业园区。加快建设 1.2 万亩的龙湖东部产业园，重点发展高新技术产业、战略性新兴产业、绿色环保产业。粤东物流新城项目 2019 年底前启动一期北片区土地一级开发。珠津工业园区定位"龙湖总部经济产业园"，加快南扩步伐，引进众业达等 16 个高科技含量项目；万吉工业区先行实施园区改造提升，提升智能输配电产业集聚规模；龙盛、龙新工业园区逐步形成以科技研发、创意设计为主的新型生产性服务功能区。龙湖区还在空间上努力实现"东拓、北优、中提质"，全力塑造好"两个平台""两条发展轴线"及"三大产业基地"。"两个平台"，即以 11 街区—珠港新城—东海岸新城为核心的华侨试验区龙湖轴线平台和以整合厦深高铁联络线、沿海高铁、云轨、城际轨道、快速路网等要素的高铁客运站综合枢纽平台。"两条发展轴线",即内海湾至外海湾(东海岸段)沿线形成的滨海都市型发展轴线和新津河"一河两岸"形成的生态型发展轴线。"三大产业基地",即龙湖北部工业组团、龙湖中部高铁产业园、龙湖东部新兴产业园。通过扩大区域空间,提升城市品质,实现城市建设发展的华丽蝶变。

为实现这些宏伟工程,龙湖区全力推进交通设施大建设,实现交通网上的互联互通。厦深高铁联络线提前完成全线征拆交地任务,成为近年来汕头市推进国家、省重点项目和谐征拆并提前全面完成任务的范例。汕揭高速全线通车并与汕汾高速互为贯通;中山路东延、汕樟北路、金凤路桥黄河路段拓宽改造、国道324线外砂段改造等一批道路建设顺利完工;东海岸新城新津河大桥、外砂河大桥合龙贯通;16千米滨海大道建成通车;庐山北路完成清拆启动建设,与泰山路北之间于2019年年底建成通车;新津路、黄河路、龙江路、沿河路等一批道路延伸工程加快推进;汕头火车站综合客运枢纽首期工程及站改工程有序推进。

进入新时期以后,龙湖区的总体要求是:全面贯彻落实党的十九大精神,以习近平新时代中国特色社会主义思想为统领,按照中央经济工作会议、省委十二届三次全会、市委十一届五次全会和区委六届五次全会的部署要求,着力增强经济创新力和竞争力,着力推动创文强管向纵深开展,着力提高保障和改善民生水平,着力解决龙湖区发展不平衡不充分问题,促进经济平稳较高增长和社会和谐稳定,全力推进龙湖区全面振兴协调发展,以优异的成绩迎接改革开放40周年和庆祝中国共产党成立100周年。

全区按照"两个定位、四个引领"和当好"五个排头兵"的工作总要求,稳中求进、锐意进取,推动经济社会各项事业蓬勃发展。2017年8月荣获汕头市"振兴发展考核"各区县第一名,连续四年全市第一。

正是因为有着 1981—1991 年汕头经济特区创办十年的经验积累，也因为有着 2011 年特区扩围之后，上级领导对国内经济发展趋势的把握及对该区域发展的精准发力，特别是自党的十八大以来，特区政府通过抢抓机遇、转型升级等行之有效的方针、措施，使得作为汕头经济特区核心区域的龙湖在 2019 年在深化供给侧结构性改革和创新驱动发展中，综合实力进一步增强。

随着区重点建设工程新津河两岸规划建设和黄河路东延、金鸿公路升级改造工程得到市委、市政府的重视和肯定，并列入"一湾一岸两河三平台"城市新格局和"一一三五六六工程"。龙湖区着力推动"一河两岸"景观工程规划建设，宜华段启动区已动工建设。同时完善外砂、新溪两镇发展规划，实现村居规划全覆盖，在外砂、新溪两镇开展"四创一整治"行动，除前期的外砂"潮织小镇"列入省级特色小镇创建示范点之外，新溪镇也充分利用自身毗邻特区和新津河的有利条件，拟沿新津河内的新溪范围河岸一带打造"美食特色小镇""潮府文化特色小镇"，一批有条件的村庄陆续打造出各具地方特色的文化村或文化社区。

龙湖喜迎 2021 年亚青会，图为全民马拉松健身活动（陈扬供图）

在经济持续发展的同时，龙湖区大力抓好基础建设，打造内外畅通的交通网络。配合做好厦深高铁联络线、汕头火车站综合客运枢纽、城市轻轨建设及 350 时速沿海高铁东广场建设。泰山路北延、黄河路宜华段、庐山北路贯通工程建成通车。2019 年全区以省市重点项目建设作为扩容提质的重要抓手。全区共有 62 个项目列入省市级重点，其中 2019 年度投资计划项目 52 个，累计完成投资 67.9 亿元，完成全年计划的 172.2%。

另外，粤东物流总部新城一期北片区、华润万象城、百脑汇广场等一批重要投资项目在龙湖有序进行；苏宁广场、星湖商业城、长平新一城等一批前期投资项目运作良好。

至 2019 年，龙湖区的高技术和先进制造业增加值占规上工业比重位居全市前列，为汕头创新发展发挥领军示范作用。龙湖实现产业集聚发展新突破，机械设备、医药健康两大产业集群产值已超过百亿。此外，区政府还落实创新驱动发展一系列政策措施，安排 3000 万元创新驱动发展专项扶持资金。在大力推进人才要素的优化升级上，成立龙湖区科技创新服务中心、龙湖区高端人才俱乐部，进一步壮大全区科技创新力量。扶持创新创业载体建设，推进龙湖科创中心、潮创智谷、柏亚工业设计城等一批科创载体落地生根。携手广东天石控股集团、潮人创新经济促进会，加快打造创新驱动产业中心和双创产业基地；与北京 3W 集团合作，建设潮汕双创大街；与南方二八九艺术传播有限公司签订战略合作框架协议，加快 1.6 平方千米龙湖工业区老旧厂房盘活提升，推进文创产业发展；与厦门大学化学化工学院签订战略合作框架协议，加快共建龙湖区—厦门大学化学化工学院产业技术创新中心，建设博士后工作站、重点实验室，培育 3 家广东省院士专家（企业）工作站；大力培育高新技术企业，落实高新技术企业认定奖励，通过高企认定 61 家，新增 50 家，顺利完成市下达新增

龙湖区政府前广场"亮灯工程"（陈扬供图）

的企业数的目标。至 2019 年，全区高企总数达 134 家，申报省高企培育库 94 家，新认定省级研发机构 1 个，省级工程中心 7 个，市级工程中心 17 个，实现主营业务收入 5 亿元以上工业企业研发机构全覆盖、规模以上工业企业设立研发机构达 20% 的目标；推动新一轮技术改造，扶持工业技改项目 14 个，总投资超过 4.32 亿元；推进雅士利总部·天澜国际、联泰新城中心、超声研究所总部等总部建设，推动服务业高端化发展；支持鼓励优质企业上市融资，新增上市企业 2 家，上市企业"龙湖板块"增至 16 家；提高全区自主知识产权创造水平，3 项专利获得国家专利优秀奖；品牌创建位居全市前列，共有驰名商标 5 件，著名商标 35 件，集体商标 4 件。

至 2019 年，龙湖全区在城乡区域发展上由突出高峰渐变为全面推进，在全区工业持续健康发展的前提下，着力于公共服务和城市管理长效机制的完善和精细化。

龙湖"香域水岸"高档住宅小区（陈扬供图）

2010—2019 年的十年间，龙湖再次实现华丽蝶变！

龙湖区在此基础上，紧抓汕头市被国家定位为粤东中心城市、被省政府定位为省域副中心城市的契机，全方位加快建设粤东核心城区。在优化核心区空间布局上，加快开展道路、园区、存量用地等专项规划和深化改造；加快新型城镇化发展，通过新型城镇化带动新津河以东、外砂河以西到外海湾的新东区建设，对龙湖东部产业园启动园区基础设施及配套 PPP 项目建设。通过逐步整合外砂、新溪两镇工业用地，逐步建成连片产业园，打造粤东区域的创新高地和产业转型的新引擎；推进新津河"一河两岸"的规划建设，注重景观工程项目辐射带动功能和生态景观保护建设，保证水源水质，修复岸线生态，带动城市品质的提升。

当然，在整个发展的大格局中，龙湖区始终以创新作为原动力。全区将着力发展新工业、新生态，推动产业转型升级，突出电子信息、生物医药、机械设备等特色产业主导地位，加快打造更多产值超百亿元的产业集群，培育具有核心竞争力的行业龙头企业，并支持龙湖科技股份有限公司技术研发中心建设等一项高质量先进制造业项目先行发展。

城市商业综合体则以华润万象城、百脑汇广场、华银综合体、江南星语城综合体等大型商业项目建设和招商引资为主，加快形成各类要素富集的粤东城市中心商贸经济圈；在新型企业扶持上，龙湖区将发挥汕头"国家电子商务示范城市"的优势，积极参与建设中国电子商务示范50强城市，培育一批电子商务龙头企业；鼓励电子商务企业融入境外营销体系，发展跨境电商，大力培育外贸竞争优势，提高商贸便利化水平。

龙湖经济总部经济产业园（陈扬供图）

龙湖区以创建省级高新区为总抓手，突出科技支撑，强化技术转换，打造开放活跃的创新生态，为龙湖的全面振兴发展提供源源不竭的驱动力。

龙湖区在发展经济、扶持企业发展上，以创建省级高新区、狠抓创新主体培育、加快创新孵化载体建设、制定更具竞争力的创新创业政策等重要手段，辅以创文强管提升核心城区吸引力、全面深化城市面貌提升行动、深化管理水平和生态环境提升行动、提升市民文明素质和打脱贫攻坚战等系列措施，在发展城市核心企业、核心经济圈的同时，大力发展农村特色小镇的建设，深化"百村示范、千村整治"的美丽乡村建设等系列民心工程，使全区的政治、经济、文化、民生等各项事业的发展呈现出蓬勃之势。

2019 年，龙湖区荣获汕头市"振兴发展考核"各区县第一名，被评为广东省推进教育现代化先进区、广东省公共文化服务体系示范区，被推荐为全国法治县（市、区）创建活动先进单位。

2019 年全区 GDP 为 522.6 亿元，对比 1991 年的 14 亿元，年均增长约 14%，人均年收入近 9 万元，高于全国、全市水平，与全省水平接近。

妈屿岛远景（陈扬供图）

龙湖继续创新思维，转变观念，强化法制意识、诚信理念和契约精神，努力营造有利于华侨潮商投资兴业的软环境，增强海外华侨潮商参与新区开发建设的信心。依托新区拓展的发展空间，提高基础设施和生产经营配套服务水平，培育一流营商环境。引进世界500强和国内行业领军企业，培育本地龙头企业。集聚华人华侨资本，积极发展商贸物流、金融服务、商务会展、先进制造、文化创意、休闲旅游等一批现代产业集聚区，建立实体经济与虚拟经济相互促进发展的现代产业体系。

坚持先行先试，加快政府职能转变，积极推进服务业扩大开放和外商投资管理体制改革，努力形成促进投资和创新的政策支持体系，着力培育国际化和法制化的营商环境，力争建设成为具有国际水准的国际贸易便利、监管高效便捷、法制环境规范的创新新区。加强与国内外知名高校、科研院所的产学研合作，创建主要产业领域技术创新联盟，增强新区产业技术创新实力。扶持培育知名品牌，促进产业集群发展。发挥汕头国际海缆登陆站的独特优势，打造互联网国际数据交换中心和"数据特区"。

按照"起步区五年见成效，核心区八年成规模，海湾新区十八年基本建成"的总体安排，统筹规划、突出重点、扎实有序推进新区开发建设。

中泰立交桥夜景（陈扬供图）

第一步，2017年开发建设全面展开，起步区建设初见成效。新区常住人口达到52万，地区生产总值达到300亿元左右，人均地区生产总值达到5.77万元，达到全国同期平均水平。新区基础设施建设取得重大突破，港口搬迁整合基本完成，集疏运通道建设取得重大进展，内外交通条件明显改善。现代产业集聚发展势头初显，电子信息、高端装备、新材料等先进制造业和战略性新兴产业初具规模，金融服务、商贸物流、商务会展、旅游休闲等现代服务业快速发展。起步区建设框架和城市形态基本形成，珠港新城企业总部和运营中心集聚形成规模，东海岸新城新津片区华侨资本集聚区和金融服务中心建设初见成效，南滨新城潮汕历史文化展示和休闲度假功能建设取得积极进展。

第二步，到 2020 年新区框架基本形成，核心区建设初具规模。2020 年，新区常住人口达到 63 万，地区生产总值约 520 亿元，人均地区生产总值约 8.3 万元。新区基础设施建设基本完成，港口功能和辐射能力显著增强，汕头港进入亿吨大港行列，粤赣闽毗邻地区枢纽地位基本确立，以现代服务业和战略性新兴产业为主的产业结构基本形成，培育形成一批百亿元级的产业集群，金融贸易服务功能显著提升。核心区建设全面展开，珠港新城、东海岸新城新津片区、南滨新城三个片区主体功能基本形成，东海岸新城新溪片区中心政务区建设全面启动，塔岗围国际化会展交易平台建设初具规模。

第三步，到 2030 年基本建成享誉海内外的现代化滨海新城，成为粤东重要新兴增长极。2030 年，新区常住人口达 100 万左右，地区生产总值力争达到 2050 亿元，人均地区生产总值达到或超过珠三角地区平均水平。成功打造若干 500 亿元和千亿元级的产业集群，成为引领粤东走向现代化的新兴增长极。新区建设任务基本完成，组团式绿色生态城市格局全面形成，经济繁荣、社会进步、宜业宜居、富有魅力的现代化生态海湾新城全面建成。

附　录

附录一 革命遗址

一、官埭尾村革命树

位于汕头市汕汾路与嵩山北路交界处。这棵大榕树早在大革命时期就成为官埭尾村农民运动和革命斗争的见证。当年由东江特委特派员纪岳贞领导官埭尾村农民，打土豪、攻敌营、分粮仓、济贫困，建立了远近闻名的"官埭尾革命根据地"，使之成为汕头城区展现苏区精神的革命园地。

如龙革命树（陈扬供图）

二、密林文艺研究社旧址

密林文艺研究社位于龙湖区鸥汀街道鸥下居委马西巷。1930年1月，鸥汀乡进步青年蔡健夫、林祖荫、袁琼（袁似瑶）、许渭泉、蔡慕达、余鹏初、林其光、黄继深（黄润泽）等10余人，把原来的春笋文艺社改名为密林文艺研究社，出版进步文艺刊物《密林》。其中社员余洪声（余永端）1932年任教于澄海莲阳乡养和小学时，又就地办了一个文艺补习班，由余永端主讲，陈维勤任班长，成员有余洪声、陈曙光、王慕真、陈兰史、陈楚卿、陈维勤、余冠群、陈训梅、陈华、陈妙等，他们用文艺补习班的形式，以《密林》为讲坛，宣传革命道理。

密林文艺研究社旧址（陈扬供图）

三、地下党组织联络点旧址（养正小学）

养正小学位于汕头市龙湖区鸥汀街道鸥下居委南畔街卢厝祠，是地下党早期的重要活动地点之一，是密林文艺研究社社员传播革命道理的主要阵地。原负责人为鸥下乡的乡长亚鹅。

地下党组织联络点旧址养正小学（现为卢氏祠堂）（陈扬供图）

四、鸥汀地下党组织联络点旧址

该址位于汕头市龙湖区鸥汀街道鸥下社区曲尺巷林玉城家。

鸥汀地下党组织联络站旧址（越南华侨林玉城旧居）（陈扬供图）

1932年春，陈府州到潮汕任中共潮澄澳县委宣传部长。他先后同县委领导人李崇三、陈耀潮、龚文河、张敏、刘胜信协力开辟潮澄饶革命根据地，积极开展抗日反蒋群众运动和游击战争。他经常到下蓬区欧汀乡林玉城家，同蔡健夫、纪奕松、袁琼等人开会密商，布置传达任务。

五、下蓬地下党组织联络点景范小学

景范小学位于汕头市龙湖区鸥汀街道鸥下社区皇古一巷4号后面，曾是下蓬区地下党组织活动点。景范小学于1926年由梅县人曾先生创办，系女子学校，有女学生约40人。曾先生曾经参加过第一次国内革命战争，他在办学的同时传播革命思想。密林文艺研究社就是他传播革命思想的地方。密林文艺研究社的社员余洪声、黄润泽等在该校义务讲学。1933年由于"密林事件"，许多密林社成员被国民党逮捕抓进澄海监狱，景范小学因而停办。曾先生远走海外。解放战争时，小学房屋倒塌，成为一片平地。

下蓬地下党组织联络点景范小学（陈扬供图）

六、汕庵区委旧址海利杂货店

海利杂货店位于汕头市龙湖区鸥汀街道陈厝寨社区翁厝内。1940年2月，鉴于日军的猖狂进攻，为了保护地下党的领导机

关，中共潮澄饶中心县委机关迁到隆都南溪，直接领导各区委。同时，中心县委决定撤销中共澄海中心区委，重建汕庵区委，辖汕头市区，澄海县的下蓬、渔洲、官埭、金砂，潮安的庵埠乔林等中共地方组织。书记由周礼平兼任，委员有陈培志和陈定中（陈海），区委地址设于下蓬渔洲陈厝寨。

为掩护区委工作，汕庵区委在陈厝寨开了一间小店，铺号海利杂货店。店主老陈（原为陈定中，是时化名陈海），店里有两个伙计，一个是"堂弟"阿五（陈应锐），一个是"姻弟"阿茂（陈作茂）。陈定中住在海利杂货店里。陈培志住在汕头市区，负责区委与中心县委的联络工作。

1940 年 5 月，汕庵区委迁往汕头市桂馥里。

七、林美南教书处竞智小学

竞智小学位于龙湖区外砂街道蓬中村。

谢氏宗祠正门（陈扬供图）

1932 年，林美南及王亚夫到外砂谢氏小学（竞智小学）任教师。林美南曾目睹蒋介石叛变革命残害工农革命人士的事实，也见证了工农运动的风起云涌，受到八一南昌起义部队进军潮汕的鼓舞。在这一时期，他阅读《新青年》《语丝》等革命刊物，并研读了《共产党宣言》《反杜林论》《政治经济学教程》等马列主义理论著作和大量的革命书籍，同时接触了许多共产党员和革命群众，形成了初步的革命人生观。而王亚夫则利用潮汕人喜闻乐见的歌谣形式，在群众中传播革命道理。1939 年林美南和王亚夫放弃教师生活，前往上海寻求真理，从此在革命道路上勇往直前。

林美南教书处的竞智小学现为外砂谢氏宗祠址。

八、外砂地下党组织联络点旧址

该址位于汕头市龙湖区外砂街道下蔡村东巷 13 号蔡顺宜家。

蔡顺宜家正门（陈扬供图）

1939 年，韩江纵队领导陈焕新、李克干、蔡子明、蔡秋林等经常到蔡顺宜家活动、开会、研究抗日有关工作，此处不仅成为革命人士逃避日伪追捕的场所，也是地下党组织的联络点。

九、大衙地下民兵活动场所旧址

大衙村在大革命时期和抗日战争中后期就是地下党组织的一个重要的活动点，群众基础好，被地下工作人员称为"总统村"。

1949 年秋，上蓬区、下蓬区地下民兵组织有很大的发展，大衙村的地下民兵更是活跃。他们为中共地下工作人员和武工队提供粮食、驻地，配合武工队开展武装斗争活动，在护送卓积基学警中队起义和部队上凤凰山革命根据地等活动中，大衙地下民兵发挥了非常重要的作用。据统计，当时大衙村的地下民兵有近100 人。

十、大衙红色渡口纪念亭

该纪念亭位于大衙村渡口。大衙村是革命老区村。大衙渡口早在大革命时期便是地下党的重要交通站，是周恩来亲自建

大衙红色渡口纪念亭（陈扬供图）

立的红色交通线中的重要一站，解放战争时期更是澄南游击队、平原武工队的联络点和接应点。许多地下革命同志在此乘船抵达凤凰山等革命根据地，为潮汕地区的革命事业做出重大贡献。

在奇袭鸥汀警察所、伏击日伪密侦队长方顺的锄奸行动和接应卓积基学警中队起义等活动中，大衙渡口起到了很大的作用。

十一、大衙地下交通联络点

该联络点位于大衙村，与东溪村毗邻。该处在大革命时期、抗日战争至解放战争时期，均为地下党组织提供宿营地、粮食、情报、渡船，还为他们放哨及送信等，配合武装队伍进行活动，是众多革命堡垒户中的杰出代表。是重要的中共地下交通站和秘密联络点，龙湖地区重要的地下党活动中心。

当时有民兵100多人。

大夫第（陈扬供图）

十二、鸥汀证果寺

1927 年 9 月，南昌起义部队进军潮州时，张敏和许怀仁即率领汕头市郊农军，奇袭下蓬区警察所驻地证果寺，随后又配合起义军占领汕头市。

鸥汀证果寺（陈扬供图）

1949 年，澄南武工队、铁路武工队等武装力量为打破国民党封锁，通过突袭的方式，一举捣毁设在证果寺的鸥汀警察所。

附
录
二

革命人物

纪喜龙

纪喜龙（1902—1934），出身于澄海县下蓬官埭尾村（今汕头市龙湖区龙祥街道如龙社区）一个农民家庭。六七岁时，父亲逝世，自此纪喜龙由兄嫂抚养。因家境贫寒，自幼便没有入学读书。他性格内向，极少说话，因而人家给他起了一个绰号："土地爷伯"。1931年，革命烽火传遍潮汕时，纪喜龙主动要求参加革命。1933年，加入中国共产党。因纪喜龙对敌斗争意志坚定、战斗勇敢且机智，很快在官埭尾村的革命运动中脱颖而出，与纪经其等同为地方武装的领导人之一，并组织和参与创建了中国工农红军东江独立师第二团第三连（民间俗称：红三连）。1934年8月26日，因叛徒出卖被捕，遭国民党部队包围而壮烈牺牲，年仅32岁。

1955年，被广东省人民政府批准，追认纪喜龙为革命烈士。

王金满

王金满（1903—1927），外砂区南社乡（今龙湖区外砂街道南社村）人，1922年，进入澄海中学读书并成为学生运动的骨干。1925年11月，王金满加入中国共产主义青年团，翌年转入中国共产党，成为澄海第一批中共党员。随后，他与魏兆梁、王振绪、蔡蔚被派往外砂区领导农民运动，在南社、大衙、东溪、凤窖等乡组建农会。1926年，王金满随同中共澄海县支部书记朱叟林调到潮安县工作，担任潮安县农会执委，协助方临川、李子俊等领导农民运动。1927年4月15日，潮安发生反革命政变，王金满奉命回乡隐蔽。9月，在迎接南昌起义部队的行动中，他与蔡作楷、卢次宗等发动澄城的理发工人做内应，使工农革命军在9月28日一举攻占澄城，建立"澄海三日红"政权。1927年9月，中共广东省委鉴于澄海县委两度遭敌破坏，派张权泽（潮安人）、方奋德（惠来人）到澄海工作，张任县委书记。当月下旬，张、方两人分别从香港抵澄，与一直在白区坚持斗争的王金满、蔡作楷等取得联系。10月1日，县委在澄城岭亭蔡作楷家开会。国民党澄海县长方秉章侦缉队包围蔡家，张权泽、王金满、蔡作楷、方奋德4人不幸落入敌手。10月4日，4人被杀害。

陈惠潮

陈惠潮（1907—1952），字仰韩，外砂龙头村人。早年到日本攻读医学，精通内、外、儿、五官等科。1932年，任汕头市西医公会秘书长、《新医声》杂志主编。1933年回家乡龙头开办"陈惠潮诊所"，以西药和外科手术治病救人，为外砂首位西医。民众传颂着陈惠潮行医"三不怕"〔不怕脑膜炎、不怕虎列拉（霍乱）、不怕破伤风〕之誉。20世纪30年代，陈惠潮考进商务印书馆主办的华峰职业函授学校攻读语文，结识了山西省五台县的马志远。抗日战争时期，马志远成为山西崞县（今原平县）的"抗日县长"、晋察冀边区参议员、晋察冀边区冀晋二专署专员。受马志远抗日思想的影响，陈惠潮成为抗日之士。1939年，潮汕沦陷前，汕头某报在文章中出现"倭王"一词，日本驻汕领事认为是"支那第一个胆敢侮辱日本天皇的人"，即令停泊于汕头港的日本战舰剥去炮衣瞄准市区，限令汕头市长在 24 小时内就此事作出圆满解释，同时还气势汹汹地质问报社，大有开战"问罪"之势。在此情况下，陈惠潮用"陈仰韩"署名发表了《和日本人谈"倭"》一文，进行详解辩释，内容不卑不亢，市长据此文答复日本领事，使汕头市之危得解，此事曾轰动一时。

1939 年 7 月 16 日，日寇攻陷澄城，屠城三日，死伤无数。第四天，人们悄悄把伤员送往外砂找陈惠潮救治。陈惠潮开门接诊，因伤者过多，陈腾出住屋并借用邻里的铺板、门板搭起临时病房，接纳上门的伤员，经过日以继夜救治，伤员全部康复回家。

1939 年，陈惠潮发动外砂四乡（龙头、凤美、华埔、凤窖）联合办学，将停办多年的龙头小学扩建成为大东乡第一中心国民学校。办学缺乏经费，他一面发动海外乡亲募捐，一面带领弟妹义务教学。抗战胜利后，他奔走倡建外砂中学，1946 年，终于利用蓬沙书院作为校址，创立了私立蓬砂初级农业职业中学，后学校易址，并改名为外砂中学。

蔡作楷

蔡作楷（1907—1928），又名蔡作先，广东省澄海县岭亭乡人，出身于一户殷实人家。他出生前丧父，母贤淑，能诗文，写有不少抨击封建礼教的诗篇。因此，幼年的蔡作楷受到反封建的启蒙教育，母亲去世后，蔡作楷曾立誓：有朝得志，定要出版母亲的诗。

蔡作楷在学校读书时，聪明勤奋，名列前茅，1924 年考进上海大学。这是一所进步学校，中国早期的马克思主义者、革命活动家瞿秋白、张太雷、邓中夏、蔡和森等先后在这所学校任教，传播马克思主义。在这样一个革命环境中，蔡作楷刻苦学习，备受革命思想陶冶，政治思想进步很快，1925 年在该校加入中国共产党。1925 年，上海五卅惨案发生后，蔡作楷接受党的任务，利用寒暑假回澄海，协助朱叟林、李春藩等在澄海进行建立党团的工作。他主动与澄海县立中学的进步学生林灿、王绍杰、邹克英、陈澄、侯传穗、蔡楚吟、吴文兰、侯素华等交友谈心，传播革命道理。同时，还在岭亭创办"青年义学"，组织社会青年学习文化，向他们灌输革命思想。在他的启发帮助下，这些进步学生和社会青年大都走上革命道路，一些人因此加入中国共产党，成为澄海革命运动的参与者。在朱叟林、蔡作楷、李春藩等的努力下，澄海于 1925 年 11 月建立了团支部，翌年 1 月建立了党支部。同时，蔡作楷还帮助建立澄海工会和妇女协会等群众组织。

1927 年 4 月 12 日，蒋介石叛变革命，上海大学被解散，因蔡作楷在上海未暴露身份，故组织让他回澄海从事革命活动。回澄后，他到外砂竞智学校任国文教员，以教书为掩护，同王金满一道，领导澄海（一区）、外砂（五区）一带进行地下斗争，坚持党在白区的工作。

蔡作楷在竞智学校利用各种机会，对青年学生和群众传播马克思主义，宣传革命道理。1928 年初，他办升中文化补习班，选编了鲁迅的《彷徨》《呐喊》和郭沫若、郁达夫、冰心等进步作家的作品，印成教材。他的学生詹范吾、蔡虹、王斗光等受其思想影响，先后走上革命道路。

1928 年 10 月 4 日，蔡作楷因"风筝案"殉难，年仅 21 岁。

黄润泽

黄润泽（1908—1981），原名黄继深，澄海县鸥汀乡（今龙湖区鸥汀街道鸥下居委）人。1929 年，小学毕业后参加密林文艺研究社。1933 年，因"密林事件"到新加坡避难。1936 年，回汕筹办汕头书店，任文化杂志社负责人，并参加义勇军。1938

年，在南侨中学"小卖部"当负责人，同年加入中国共产党。南侨中学解散后，受命隐蔽于农村。1943 年，调普宁赵厝寮小学任校长并做农运工作。1945 年，回鸥汀后经香港到新加坡四海通当中文记账员。1947 年冬回国，到大北山潮揭丰行政委员会任财粮科长。1949 年，到汕头市任人民银行秘书长。1956 年，奉调到江西电影公司办事处任主任。1957 年，任天津市电影公司经理。1962 年，任广东省电影发行公司副经理、代经理。1963 年，任广东省统计局劳资文教处副处长。1981 年 6 月，由有关部门发给中国红军老干部优待证。是年 12 月 28 日，于广州中山医院逝世。

张敏

张敏（1908—1937），原名张义恭，字章邑，澄海岐山乡人（现汕头市金平区），1908 年 8 月出生。1925 年参加农民运动，任岐山乡农会常委。1926 年任下蓬区农会和汕头市郊区农会常务执委，并加入中国共产党。1928 年 3 月，任中共汕头市委兼兵运委员。1929 年秋，调到东江特委工作。1931 年夏，任中共潮澄澳县委常委。1935 年 1 月，任中共潮澄澳县委书记、分田委员会主任。1936 年 1 月，任中共闽粤边特委委员、常务委员，兼任云和诏县委书记。1937 年 6 月，任闽粤边区特委代理书记。同年 7 月 16 日，在"月港事件"中被捕，22 日，被杀害于诏安县城郊良峰山麓，牺牲时年仅 29 岁。

纪经其

纪经其（1910—1934），出身于下蓬官埭尾村一个贫农家庭，因家境贫困，小学只读过三年。1931 年参加中国共产党在官埭尾村领导的革命运动。1933 年，加入中国共产党，曾任过官埭尾村苏维埃村委委员。1932 年，因工作需要，被上级调往大南山红三连工作。1934 年，东江特委得知官埠尾村革命力量受到敌人破坏之后，为了加强官埠尾村革命根据地的对敌斗争，又派纪经其回乡领导革命斗争。1934 年 8 月 23 日，因叛徒出卖，与纪喜龙一起壮烈牺牲，牺牲时年仅 24 岁。

1955 年，经广东省人民政府批准，追认纪经其为革命烈士。

林祖荫

林祖荫（1910—1969），后改名林之源、林之原，又名林野寂、林荫原、林鹗，生于广东省澄海县下蓬区鸥汀乡陇尾（今属汕头市龙湖区）。林祖荫 6 岁入村中景范小学读书，11 岁入蓬鸥中学的小学部读高小。五卅惨案爆发后，参加反帝爱国校外宣传活动，受学校当局处分离校，后到汕头市国粹学校念书。其间，回乡组织原高小同学成立青年学友会。1926 年冬，在国粹学校毕业后转入汕头鮀江专科学校补习初中知识。当时将青年学友会改组为春笋文艺社。1927 年初夏，考入天津直隶省一中读高中，因患病在家疗养，在这期间积极开展活动，出版《春笋》杂志两期，病愈后回津续学。1929 年春，考入上海艺术大学中文系（夏衍、鲁迅、阳翰笙等人为该校教员）。在此期间，林祖荫积极参加上海党组织领导下的革命活动、飞行集会等，思想有了更大的进步。1930 年，利用寒假回乡的机会，将春笋文艺社扩大为密林文艺研究社，研究革命文艺，出版《密林》刊物两期。与汕头报社编辑张释然、陈府州等（地下党员）均有联系。1931 年夏从上海艺大毕业，返汕与密林社社友陈曙光结婚。婚后同往潮阳赤寮乡植基小学任教，林任校长。

1932 年，林祖荫到汕头市同济、华英中学任语文教员。1933年 6 月在同济中学课堂上被捕，当时被称为"密林事件"（因密林骨干 3 人同时被捕）。罪名是他"宣传与三民主义不相容之主义、危害民国"，判刑三年，至 1936 年刑满释放，决然奔广州、上海等地寻找党组织，后因陈曙光在广州参加救国活动被捕入狱，林祖荫回穗营救。

1937 年 6 月，林祖荫在六都中学由陈初明介绍加入中国共产党，任中共峡山区宣传委员，组织发动群众进行抗日活动。后历任东江华南队干部培训班政治指导员，《前进报》编辑，后经中共中央批准，东江纵队成立抗大七分校，林祖荫任教育长。抗战期间曾被委派到海外做华侨宣传发动工作，1949 年冬因工作需要，林自泰国回到广州，任广东省侨委宣传处处长。

自 1950 年起，接中央统战部通知，调到中共中央统战部工作，历任中联部第二处秘书主任兼越南组组长；中联部综合处处长。嗣后为拉美研究所所长，作为拉美问题顾问，陪同刘少奇、邓小平等中央领导组成的中共代表团出席莫斯科会议，对外工作实事求是、量力而行。

1969 年 11 月因病逝世，终年 59 岁。骨灰安放在北京八宝山革命公墓。

陈曙光

陈曙光（1910—2015）女，出身于澄海县莲阳乡的华侨家庭。父亲因受地主逼债，被"卖猪仔"到暹罗（今泰国）当苦力。陈曙光是泰国侨属，后来接受地下党的派遣到泰国和中国香港、澳门等地，联系、发动华侨开展革命活动，成为当年潮阳青运、妇运的巾帼英雄。1931 年春，她到谷饶植基小学任教，林之原担任该校校长。1932 年春，林之原到汕头同济中学教文学史，她到汕头海滨师范乡师读书，后来林之原在同济中学被捕，陈曙光幸运脱险。1936 年，陈曙光转广州美专读书，秘密领导读书会，被捕入狱，至西安事变后，她才出狱，继续到美专领导学运。

是时已被国民党当局发觉，上级通知她立即转移。陈曙光 1937 年加入中国共产党，担任峡山区委宣传委员，负责校内外宣传工作，1941 年参加东江纵队，先后任指导员、《前进报》编辑。中华人民共和国成立后在中联部任职，曾担任国家广电部科影部政治部主任等职务。

庄明瑞

庄明瑞（1912—2012），出身于普宁县果陇村一个贫穷的农民家庭。年幼时因家境所迫，跟随父母漂洋过海到马来亚，17 岁回国求学。

在厦门读中学期间，恰逢九一八事变，他积极投身抗日救亡运动。初中毕业后，回家乡教书。1937 年七七事变后，参加普宁青年抗日同志会，同年 11 月加入中国共产党。1939 年，他因组织和领导反对国民党当局解散青抗会的斗争，受到通缉，从此整整十年不能回家。其间，在党组织的安排下，他辗转于揭阳、饶平、澄海一带开展抗日革命活动，先后任区委书记、县副特派员等职。1947 年 10 月，他受命上凤凰山开展武装斗争，参与开辟潮汕游击根据地，历任韩江支队十一团政委、县委书记、韩江地委委员、中国人民解放军闽粤赣边纵队第四支队政治部副主任、饶平县军管会主任，直至潮汕解放。

中华人民共和国成立后，他以极大的热情投入新中国的建设，历任粤东公安局副局长、汕头专员公署公安处处长、副专员、地委政法部部长、地委常委、地委副书记等职。

1958 年初，在反右派、反地方主义运动中，他被错划为"地方主义分子"和"右派分子"。

中共十一届三中全会拨乱反正，得到彻底改正，恢复党籍、政治待遇和名誉。1979 年起先后任中共汕头市委常委、市革委会副主任。1981 年，任汕头市人大常委会主任，并当选第五、六届省人大代表。1983 年 12 月，离休。此后，他离而不休继续发挥余热，担任市委党史领导小组常务副组长、市老区建设研究促进会和关心下一代工作委员会顾问。时届耄耋之年，他热情不减，编党史，走老区，关心下一代，深受各方敬重。2004 年被共青团中央、全国少工委授予"全国一级星星火炬奖章"，2005 年荣膺"中国人民抗日战争胜利 60 周年纪念章"，2011 年荣膺中共广东省委颁发的"南粤七一纪念奖章"。

庄明瑞于 2012 年 11 月 1 日逝世，享年 102 岁。

袁似瑶

袁似瑶（1912—1997），原名袁路绮，1912 年 2 月 3 日生于鸥汀鸥下村（今属龙湖区鸥汀街道）。1926 年起，先后在汕头震东中学、岩光中学、大中中学就读，曾参与组织青年学友会、春笋文艺社等团体。1931 年，在上海艺术大学文学系专科毕业，参与组织密林文艺研究社。1933 年 6 月，被国民党澄海县当局逮捕入狱。1937 年，全民族抗日战争爆发后获释。1938 年，在南山管理局古厝高级小学任校长。1939 年，到揭阳南侨中学任教。1941 年起，到苏中抗日根据地师范学校、中学任教。曾出版专著《中国革命常识讲话》。1949 年 11 月，南下任广西桂林军管会文教部教育接管组组长、广西大学军事代表、广西人民革命大学副教务长。1951 年 1 月，任中共广西壮族自治区委宣传部理论教育处副处长、处长。1955 年 4 月起，任广西壮族自治区大专院校副校长、党委书记。1958 年 9 月，任广西民族学院副院长、党委书记兼广西艺术专科学校校长。1971 年底，任广西民族学院革委会副主任。1977 年 5 月，任广西教育学院革委会副主任、院长。1978 年 12 月，任广西师范学院院长兼党委书记、广西哲学会会长、广西教育学会副会长。1982 年底离休。1984 年 5 月，到汕头市干休所定居，受聘为中共汕头市委党史顾问。

王斗光

王斗光（1915— ），原名谢立浩，曾用名詹立浩，新溪镇下九合村人。1936 年，参加抗日救亡运动。1937 年，加入中国共产党，同年奔赴革命圣地延安，参加抗日军政大学第 3、4 期学习。毕业后在新华日报社、《群众》周刊工作。1947 年，到香港工委财经委工作，任新联公司副经理。1949 年，到潮汕革命根据地河婆，建立南方人民银行，任印钞厂厂长兼发行部主任。1949 年底，任华南对外贸易管理局副局长。1953 年，外贸管理局与广州海关合并，任广州海关副关长，兼广州市财经委委员。1957 年，调对外贸易部，出任驻锡兰（今斯里兰卡）使馆首任商务参赞。1963 年底，回国后留外贸部，历任出口局、生产基地办公室（局）副局长等职。

1977 年，调到海关管理局。中国海关总署成立后任中国海关总署副署长。离休后，任中国海关学会副会长兼秘书长、顾问、汕头经济特区顾问、北京潮人海外联谊会顾问。

李凯

李凯（1915—1984），鸥上村（今龙湖区鸥汀街道鸥上居委）人。1925 年，随父母迁往汉口。1931—1932 年，在武昌私立博文中学就读。1933 年夏至 1936 年夏，在上海私立持志法学院附中读书。因在学校参加进步学生运动被其开洋行的父亲责令停学从商，他违抗父命，流亡于北京、山西、山东等地，参加抗日救亡运动。七七事变后回潮汕，到普宁县五区十八乡南湖新村教书，发动成立乡青年抗敌同志会。1938 年 2 月，加入中国共产党，历任中共十八乡支部书记、中共普宁县五区委宣传委员、普宁县五区和二区委书记。1941年，任揭阳县委宣传部部长。1942年，任潮安县三区特派员。1942年9月起，任潮（安）饶（平）边副特派员，以教书为掩护从事革命工作。1944年，参加恢复揭阳党组织和筹建抗日游击队工作。1945年3月，任潮汕人民抗日游击队第二中队指导员。7月，任中共潮普惠县委书记，参与策动国民党揭阳县长林先立领导的河山部起义。1946年6月，随东江纵队北撤至山东烟台，任山东军区第四干部连指导员。是年底，到华东党校学习。1947年3月，被派在上海闸北区以修理收音机为掩护，做交通情报工作。1949年4月，随军南下，任中国人民解放军两广纵队联络处主任。历任中共珠江地委副秘书长，粤中区党委秘书长，佛山地委工业部部长，佛山地区副专员兼计委主任、地区革委会常委兼文教办主任、地区革委会副主任，佛山地区行政公署副专员兼科委主任、体委主任等职。1981年7月离休。1984年于佛山市病逝。

纪汉卿

纪汉卿（1916—1944），原名稽夫，号步留，官埠乡（今龙湖区龙祥街道泰龙居委）人，黄埔军校第十七期毕业。1944年7月，在抗日战争衡阳保卫战中英勇殉国。抗日战争胜利后，国民政府授予纪汉卿"抗日烈士"称号并赠少校军衔。

黄雨

黄雨（1916—1991），原名黄遗，鸥汀（今龙湖区鸥汀街道）人。1937年，参加汕头青年救亡同志会，从事抗日宣传工作，并于同年加入中国共产党。先后在潮汕、粤北、广西等地的抗日军队任政工人员、报刊编辑。抗日战争胜利后回汕头市在《光明日报》任编辑。1947 年，为躲避国民党当局的迫害逃往香港，在香岛中学和中业学院任教，同时从事民主运动，参加新诗歌社和方言文学的活动。出版了新诗《残夜集》和方言叙事诗《潮州有个许亚标》。1951 年，到广州，历任华南人民文艺学院讲师、广东省文联群众创作辅导组组长、《广东文艺》执行编辑、《作品》月刊编辑、专业作家。1980 年，当选广东省民间文艺家协会副主席。1982 年，任广东省民间文艺家协会常务副主席，创办并主编《天南》文学杂志。中国作家协会会员、中国民间文艺家协会理事、中国诗词学会会员、广东省文联委员、中国俗文学会理事、中国楹联学会广东分会会长、广州诗社顾问。专著有《进入新社会之前》《群众创作漫谈》《啼笑皆非集》《新评唐诗三百首》《刘禹锡诗选评注》《历代名人入粤诗选》《神仙传》《听车楼集》《肇庆历代诗选》等。1983—1987 年，主编《岭南山水传说丛书》，出版了 5 辑。1985 年离休。1991 年在广州逝世。

高梧清

高梧清（？—1993），女，外砂乡林厝村人。1938 年秋，任澄海三区青年抗敌同志会干事。1939 年 2 月，加入中国共产党，任区妇女干事。同年 6 月，家乡沦陷，奉命随同澄海县青抗队伍撤到潮安县四区八角楼村的抗日游击活动临时点。是时青抗队伍组成战工队，任战工队副队长，尔后历任澄海县二区委宣传委员、潮澄饶县妇委宣传委员、妇女区特派员（当时党内男女分管）、潮梅特委文书、潮汕特委政治交通员等职。1946 年，调潮安阁州乡中心小学任教，担任该校党支部书记该，经常到县工委机关汇报工作。是年 6—7 月的一个晚上，潮汕地委书记曾广到潮安县工委检查工作，工委全体委员集中汇报工作，国民党保安队突然查户口。此时，机关中除户主庄明瑞（县委宣传委员）有户口外，曾广及工委其他成员均无户口，被保安队扣押。在此千钧一发之际，高梧清挺身而出，巧妙应对，使全体被押人员获释。1946年下半年，调回地委机关任秘书。1947年，被分配到潮安山区文祠乡任当地几个学校的党支部书记。后上凤凰山参加武装队伍，任抗征队潮澄饶独立中队党支部书记、武工队副队长。凤凰山根据地建立后，任中共韩江地委、闽粤赣边区第4支队11团出版处负责人。潮澄饶边区县委成立后，任县妇委会委员兼秋荣区委书记。1947年7月，调任闽粤赣边区纵队后方临时工委副主任。1949年10月起，高梧清任中共汕头市委组织部干部科副科长，中南区妇联秘书科科长、儿童福利部部长等职。1954年11月，调任中共北京市宣武区委组织部副部长、区委常委。1958年6月，任中共北京市宣武区委组织部部长。1966年5月，任中共北京市宣武区委常委、区监察委员会书记。1980年11月，任北京市宣武区政协第五届委员会副主席兼党组副书记。1982年12月离休。1993年12月26日于北京病逝。

郑文道

郑文道（1916—　），祖籍外砂金洲村，1916年出生于暹罗（今泰国）曼谷。5岁时被父亲送回祖居地汕头外砂读书，高中毕业后返暹罗。抗日战争时期，郑文道毅然回到祖国，考进昆明航校学习，随后接受美国航空部队的专业强化训练，尔后加入"飞虎队"，成为陈纳德领导的中美空军混合团的飞行员。先后和战友合力击落日军战斗机11架。1943年，他曾经驾机随队飞到汕头，出其不意地轰炸进入汕头港的日本军舰。郑文道凭着战斗勇敢、战功赫赫，很快被提拔为飞行中队副队长。抗战胜利后，不愿参与内战的郑文道转业到上海空中运输公司任职。1949年5月，郑文道驾运输机从上海飞往香港。当飞机进入汕头上空时，他放慢速度，在外砂金洲村上空低飞盘旋了 2 圈，用石头系信掷向家乡旷埕，向乡亲告别。后乡亲们打开手绢里信件一看，里面短信大意：我是金洲人，我的父亲名字是郑木坤，我叫郑文道，族名郑义和，今天顺路经过家乡，特向父老、兄弟、姐妹问好！顺祝合乡平安！

郑文道从此结束飞行员的生涯。1949 年 6 月，郑文道回到泰国与家人团聚。1950 年，到美国定居。

王耀华

王耀华（1918—　），祖籍外砂街道林厝村，出生于暹罗（今泰国）。1936 年春，参加华侨抗日救国会。1937 年，加入中国共产党。1938 年 4 月，进延安抗日军政大学学习。1942 年春，任盐东县敌工部部长。1942 年深秋，王耀华从伪军一二九团副团长处获得敌人将分兵合围新四军一师二旅旅部的情报，使新四军得以及时安全转移。为配合反"扫荡"，上级决定由王耀华指挥执行瓦解伪警察大队的任务。王耀华只身进入敌人据点，策反伪军营长汪德盛，奇袭警察大队并将其全部俘获。经上级同意，策反教育该大队队长孙玉康后，释放了全部俘虏。从此，新四军与该大队建立了特殊的关系。1943 年春，王耀华亲赴敌营谈判，成功营救被捕的新四军干部谢克、谢群夫妇。4 月初，为严惩盐东县汉奸特务唐斌一伙，王耀华率领武工队活捉 4 名作恶多端的汉奸。有一次，新四军五团急需通过敌人把守的卞仓大桥，王耀华只身赴敌营，获得"借路"护送五团顺利通过。在盐东三年多的对敌斗争中，王耀华带领武工队立下卓越的功勋，被老区人民誉为"孤胆英雄"。

抗战胜利后，王耀华先后担任第四军政治部民运部长、华中军区政治部民运部科长、华东野战军军官教导总团副教育长。中华人民共和国成立后，历任驻越南大使馆副武官、总参二部广州局处长、南京外语学院武官系主任、副师长、军分区副司令员、顾问组长、全国侨联委员、广东省侨联副主席等职。1988 年，被中共中央军委授予二级红星勋章。

王君实

王君实（1919—1942），原名惠风，号修慧。外砂东溪村（今龙湖区外砂街道东溪村）人。1937 年，日寇铁蹄践踏中华大地。王君实在中学组织抗日救国宣传队，遭校方开除学籍同时被捕。保释后就读于广州中山大学。后只身到马来亚侨居四年，其间创作了 100 多万字的文章，刊载于东南亚多家知名报刊。1941 年，王君实组织潮青抗日会。发动星马人民和华侨，开展抗日救亡运动。1942 年 2 月末，王君实避难于同学商店 4 楼的夹墙里，日本宪兵两次搜捕未果。但由于叛徒指证，日寇限令店主 3 天之内必须交出王君实，否则全店俱焚。为不连累店主，3 月 2 日清晨，他写下绝命书，并从 4 楼跳下，英勇牺牲。

蔡子明

蔡子明（1922—1945），别名柴鼻，出生于外砂下蔡村（现外砂街道和美里）人。曾在蓬中竞智小学就读高小，班主任为进步教师王亚夫。在校期间，曾在学校的进步刊物《熔炉》发表过习作。

后蔡子明离开竞智小学，在新溪下三合乡当小学教师，继续宣传、发展、团结进步人士。1937 年卢沟桥事变后，辞去教师职务，到各地联络和寻找革命志士、进步青年，宣传革命道理。

1939 年初，蔡子明参加了汕头青年抗敌同志会，被分配到汕抗下乡第四工作队。3 个月后，蔡子明光荣地加入中国共产党。

1940 年，蔡子明参加潮澄饶敌后武装小组，积极发展进步组织和党组活动。是年秋天，他在下蔡村蔡顺宜家建立起一个领导干部临时掩护点与武装活动转移点，同时配合敌后武装小组在外砂一带开展武装活动，发展壮大革命队伍。

1940 年 8 月，蔡子明与潮澄饶武装小组的 3 名工作人员，深入虎穴，处决了日伪冠山乡维持会会长郑菊人，这是潮汕敌后武装游击队小组的第一次锄奸的胜利，极大地震动了整个潮汕沦陷区。

自 1940 年起，蔡子明先后带队处决敌伪汉奸，屡次奇袭潮汕铁路中心重镇敌伪彩塘警察署和区公所等，惩奸锄恶，进一步壮大了武装革命的声势。

1945 年 7 月 18 日，蔡子明带领游击队攻打日伪驻饶属下寨保安中队 1 个分队时，遭到暗算，不幸牺牲，年仅 24 岁。

林美南

林美南（？—1955），又名林子明、吴瑞麟，笔名缪南，出生于揭阳县东园镇东桥园村（今属揭西县）。1934 年 4 月参加中国共产党。1938 年 3 月起，任中共揭阳县一区委书记、县委书记，潮普惠揭中心县委书记，潮揭丰中心县委书记，潮梅特派员等职。1944—1946 年，任中共潮梅组织负责人、潮汕特派员、潮汕特委书记、广东人民抗日游击队韩江纵队司令员兼政委。1946 年 6 月，调往香港。1948 年 8 月，任中共闽粤赣边区委副书记。1949 年，任中国人民解放军闽粤赣边纵队政治部主任。1949 年 12 月，首任中共汕头市委书记、汕头市军事管制委员会主任。1950 年 12 月以后，任潮汕地委书记、潮汕军分区政委。1951 年 6 月后，任粤东区党委常委兼秘书长，粤东办事处副主任、主任，粤东区党委副书记、第二书记兼粤东行政公署主任等职。1953 年

6 月，调任广东省农林厅副厅长兼珠江水利总局局长。1954 年 10 月，调任广东省计划委员会第二副主任。此时，林美南已积劳成疾，患上了严重的心脏病等疾病，后转到从化进行疗养。1955 年 11 月 26 日，在广州中山医学院第二附属医院逝世，终年 46 岁。

王亚夫

王亚夫（1916—1999），原名王俊杰，曾名王仰三、王修文、王文泰等，出生于揭阳县登岗镇蔡坑村（今属揭东县）。20 世纪 30 年代初期与林美南一同在外砂竞智小学教师，在此期间，先后创作《叹五更》《奴仔细细尚色水》《同志们，扛起枪》等脍炙人口的歌谣，在潮汕地区传诵一时，对鼓舞人民群众反抗黑暗势力，争取自由平等的运动起到一定的宣传作用。1936 年冬参加华南抗日义勇军潮汕大队。1937 年 4 月参加中国共产党。七七事变后，参与发起成立汕头青年救亡同志会（后改为青年抗敌同志会），是初期领导人之一。1939 年在梅县主编《民报》《妇女与儿童》《燎原》等报刊。1940 年在揭阳主编中共潮梅特委机关报《新潮报》、《通俗报》。后到粤北、广西从事教育和抗日活动。1943 年到老挝、泰国。在曼谷组织中国民主同盟会泰国支部，主编《民主新闻》。1948 年在香港任中共中央华南分局机关报《正报》编辑，后回揭阳大北山游击根据地，任闽粤赣边纵队第二支队军政学校主任、中共潮汕地委宣传部副部长、团结报社社长、潮汕干校校长。1949 年 10 月后任中共汕头市委宣传部部长、军管会文教接管部部长。1954 年调赴越南创办《新越华报》，任社长。1956 年回国任中央侨委办公厅秘书长。1958 年起在上海任《学术月刊》总编辑达三十年之久。其间曾任上海书籍出版社副社长、副总编。后任汕头经济特区顾问，上海潮汕联谊会会长。

高修一

高修一（1923—2009），女，1923 年 1 月 30 日生于澄海外砂，1938 年 9 月参加革命，1939 年 3 月加入中国共产党。

中华人民共和国成立之前，高修一先后在澄海、潮安、饶平等地参加地下革命工作。1948 年，上凤凰山参加游击战争，担任过澄海区妇委宣传科科长、区妇女副特派员、区委委员，中共潮梅特委机关文书，自由韩江报编委，潮汕地委韩江分委机要秘书、组织部干部科副科长。中华人民共和国成立后，先后在潮汕专署公安处、粤东行署公安局、粤东检察院汕头分院任副科长、科长，后任汕头市图书馆馆长、汕头地委农场副场长、汕头地区农科所党总支副书记、汕头地区人民医院政治教导员、汕头医专附属护士学校党支部书记。高修一在反右派、反地方主义运动中受到牵连，"文化大革命"中受到迫害，中共十一届三中全会后才得到平反。恢复工作后任中共汕头地委党史办公室副主任、汕头妇运史领导小组副组长。离休后继续发挥余热，编写党史、妇运史，担任汕头市党史领导小组成员、市直离退休女干部联谊会会长。2005 年 8 月，荣获中共中央、国务院、中央军委颁授"中国人民抗日战争胜利六十周年纪念章"。

2009 年 2 月 5 日因病逝世，享年 88 岁。

大事记

1919 年

5 月 4 日，由北大学生发起的北京各界爱国示威大游行，对汕头埠产生了很大影响。6 日，汕头《公言日报》刊发"五四"号外，汕头埠及潮汕各县学生纷纷响应，支持北京学生的爱国行动。14 日，汕头埠英华学校成立岭东学生联合总会。会后举行示威游行，提出对日经济绝交。

是月，澄海县附城及各区学生联合会成立，实行抵制日货、兴办夜校、创办刊物、宣传新文化等活动。

9 月 13 日，汕头埠市及近郊爱国群众、学生为表示坚决对日经济绝交进行第一次焚毁日货。

是年，汕头埠缝衣工会成立，会长郑琴石。缝衣工会是汕头埠及近郊第一个工会组织，拥有会员 788 人。

1920 年

5 月 1 日，汕头埠市（郊）区工人、学生 3000 人，举行五一提灯游行。14 日，岭东学生总会召开成立周年纪念会，会后进行第二次焚毁日货行动。

9 月 22 日，孙中山派蒋介石赴汕头协助驻汕头的粤军制订讨伐省内其他桂军计划。

11 月，孙中山亲临汕头埠检阅援闽获胜的粤军，随后离汕与胡汉民、姚雨平同赴梅县松口铜琶乡看望对辛亥革命作出贡献的老同盟会员谢良牧、谢逸桥兄弟，并亲书条幅"博爱从我志，宜春有此家"赠与。

1921 年

3 月，汕头埠成立市政厅，改称为汕头市，与澄海分治，任命王雨若为首位市政厅长。

是年，澄海县撤都设区，全县划为上蓬、下蓬、鳄浦、鮀江等 10 个区。区以下设乡、镇，乡以下设里，里以下设甲，甲以下设保。

11 月 9 日，汕头郊区 300 多名缝纫工人举行首次罢工，要求增加工资，实行每日 10 小时工作制，每月休息 3 天。经过斗争，资方被迫接受工人要求，这是汕头地区工人运动的第一次胜利。

12 月，潮汕铁路工人酝酿组织工会，并推举杨泊权等 6 人为代表进行筹备。资本家获悉后横加阻挠，开除筹备成立工会的 6 名工人代表，激起埠市内外工人罢工。铁路交通陷入瘫痪。3 天后，资本家被迫撤销其作出的决定，铁路运输恢复正常。

1922 年

3 月，汕头市分别成立潮汕铁路工会、汕头竞进工会、中华工会岭东支会、汕头市人力车工会、汕头客栈联合工会等 10 多个工会组织。这些工会的会员遍布市（郊）区各地，力量不断壮大。

4 月 19 日，C. A. 达林、张太雷在汕头起草了《中国社会主义青年团的纲领和章程》（草案）以及团第一次全国代表大会主要议程的决议草案，并在汕头市区和郊区党的积极分子大会上作了《关于社会主义的报告》。

1923 年

2 月，北洋军阀吴佩孚在京汉铁路制造屠杀工人的"二七"惨案。汕头市（郊）区各工会组织纷纷驰电京汉铁路工会，支持、声援京汉铁路工人反对军阀的斗争。

6 月 20 日，陈炯明得到北洋军阀的接济，阴谋长期割据潮汕，设总指挥部于汕头，并以林虎为总指挥，重归陈炯明部的洪兆麟为副总指挥；1924 年 5 月，陈炯明又任命洪兆麟为潮梅护军使。

9 月，彭湃在汕头市新马路荣庆里 9 号成立"惠潮梅农会筹备组"，领导粤东各地的农民运动。是年冬，彭湃在汕头市召开惠潮梅等 10 县和汕头市郊农民代表大会。会后，彭湃偕林苏等至下蓬、岐山、月浦等乡指导农民运动。

是年，汕头市郊区建立农会组织。

1924 年

5 月 1 日，龙湖地区农会代表出席广东省第一次农民代表大会。这次大会在广州召开，发表了成立宣言，订出新会章，规定新会旗，统一农会名称。

1925 年

2 月 1 日，广东革命政府组织东征军进行第一次东征，讨伐陈炯明。东征军兵分 3 路，左路进军兴宁、五华，右路进攻潮汕、海陆丰，中路攻击惠州，直迫汕头。

3 月 7 日，陈炯明部潮梅第一路司令周潜在潮州附近举义，配合东征军攻克潮州城。蒋介石和周恩来带领部队进占潮州。东

征军总司令许崇智率二师师长张民达部占领汕头，受到市民热烈
欢迎。

3月10日，汕头工农商学各界召开大会欢迎东征军。

3月中旬，共产主义青年团广州地委派廖其清、杨石魂到汕
头组建党、团组织，并指定廖其清为书记。

4月，中国共产党汕头特别支部建立（开始时党、团支部仍
混合组建），龙湖党组织受其领导。

5月30日，上海五卅惨案发生后，汕头市（郊）区广大工
人、学生、群众纷纷集会上街示威游行，成立汕头国民外交后援
会，负责支持罢工事宜。

是日，蓬鸥小学的几位爱国教师组织了林之原等一些高年级
学生到校外宣传，远及潮汕铁路沿线及潮安县城。同年下半年，
以蓬鸥高小原毕业班为主的一些爱国学生，成立青年学友会，在
学问、思想上互相促进。

5月31日，国民党汕头党部在市区召开第六次会议。会上，
杨石魂、廖其清等被选为市党部委员。

6月23日，汕头市（郊）区工、商、学、农各界数万群众举
行"国耻纪念大会"。会上决议"否认'二十一条'及废除一切
不平等条约"。

6月，五卅惨案发生后，澄海附城和各区学校代表到澄海中
学集会，联合组织宣传队，下乡宣传反帝爱国思想和组织农会。

是月，汕头党组织在潮阳峡山以原陈炯明部潮梅第一路司令
周潜所领导的保安队为掩护，建立起潮汕第一支党内秘密武装队
伍——潮汕工农自卫军独立营，其活动范围主要在汕头一带。

7月初，汕头海员分会、竞进工会等7个工会，上千工人实
行对外罢工，与省港工人一起行动，抵制英、日帝国主义侵华
行为。

7月19日，汕头国民外交后援会召开欢迎罢工工友大会，市区工、商、学、报、军、政各界均有代表参加。

7月23日，杨石魂、陈振韬领导各罢工工会组成汕头各工会对外罢工委员会和纠察队，辛乐民被推举为罢工委员会委员长。

7月，澄海各界外交后援会成立，选出林灿、杜式榜、林亦素、蔡楚吟为负责人。同时，举行为期3天的游艺会，宣传反帝、反封建，进行募捐，支援省港罢工工人。

8月13日，共产主义青年团汕头地方委员会在汕头市区正式成立，团广州地委决定廖其清、杨石魂、伍治之为执委，廖其清为书记。

9月16日，陈炯明残部乘东征军回师广州平息滇桂军阀叛乱之机，卷土重来，占据汕头及邻近区域。强行解散国民外交后援会、罢工委员会和工人纠察队等团体，杨石魂、伍治之被通缉。

10月1日，国民革命军进行第二次东征。东征军于22日进攻海丰。26日，在河婆战役中打垮陈炯明的主力部队。

11月4日，周恩来率领东征军政治部人员抵汕。市（郊）区4万多群众夹道欢迎。

11月8日，市区各学校、工会、农会和商会的代表在审判厅前召开群众大会，欢迎东征军。同时，汕头国民外交后援会恢复工作，罢工委员会进一步开展罢工和封锁香港的斗争。

11月21日，东江行政委员公署成立，周恩来被国民革命政府任命为广东东江各属行政委员，管辖惠、潮、梅和海陆丰下属25县的行政工作（今市区外马路东征军史迹展览馆为其任所）。

11月22日，汕头市（郊）区召开妇女联合会，邓颖超参加会议，并指导成立汕头妇女解放协会。

11月，国民革命军东征军总政治部主任周恩来于汕头市外马路243号接见潮汕各县代表，听取汇报并同代表讨论学运、农运等问题。杜国庠、王鼎新、邹克英、杜式榜等代表被接见和参加讨论。

12月30日，汕头对外罢工委员会改称为中华全国总工会汕头罢工委员会，选举林昌炽、陈阶仁、陈国之3人为常务委员。同时，决定《汕头工人之路》复刊，向市（郊）区工商界发行。

12月下旬，澄海奉命改组成立国民党澄海县党部筹备处，王鼎新、李春蕃（何柏年）、侯传稷、邹克英被任命为筹备处委员。

12月，中国共产主义青年团澄海县支部于凤山小学成立。

是年，中共潮梅地方委员会在周恩来的指导下，于汕头市区宣告成立，地委书记为赖先声。

1926 年

1月1日元旦后，中共澄海县支部于澄城凤山小学成立，书记朱叟林。5月，改为中共澄海县特别支部，党员70余人，书记林灿。

1月10日，澄海县农民协会筹备处成立，林灿、邹克英、吴杰生、王绍杰等为委员，省农会任命何丹成为特派员。

1月15日，广东省农民协会在汕头市区设立潮梅及海陆丰办事处。

1月16日，上蓬区、下蓬区派人参加汕头市区各界1万余人的集会，反对日本出兵满洲里。国民革命军第一军政治部主任周恩来发表演说，号召一致对外，打倒日本帝国主义。会后进行示威游行。

1月26日，汕头市（郊）区各工会决定将汕头工会代表大会联合会改为汕头总工会组织临时执行委员会，推选出11人为委员，并于当日召开第一次临时执行委员会会议。

1月，上蓬区、下蓬区的国民党党部派代表参加在澄城召开的国民党澄海县第一次代表大会，大会选举王鼎新等执委 7 人，监委 5 人，其中以个人身份加入国民党的共产党员及国民党左派占过半数。

是月，邓颖超从汕头来澄海，在县农会筹备处、澄中等处向学生、妇运骨干发表讲话，指导澄海的妇女运动。

2 月 1 日，周恩来在汕头正式就任东江各属行政委员（任命时间为 1925 年 11 月 21 日）。管辖惠、潮、梅和海陆丰下属 25 县的行政事务。东征军总政治部被撤销。

2 月 22 日，周恩来在汕头市区东部外马路 90 号（岭东甲种商业学校），主持召开东江行政会议。到会各县县长、教育局长、工农商学妇等人民团体代表共 124 人。会议讨论有关建政和教育工作问题，通过工农运动 93 项议案。同日，对不称职的惠阳县长罗伟疆予以撤职。

2—3 月，澄海县总工会筹备处成立，其成员单位包括附城和各区工会组织。

3 月 3 日，汕头市（郊）区妇女界 1000 多人在市明星戏院（中华人民共和国成立后改为新观电影院）举行三八妇女节纪念大会。周恩来与邓颖超出席并在会上发表讲话。

3 月 16 日，国民政府根据周恩来多次呈称军队事务繁重，希望"免去东江各属行政委员兼职"的请求，同意照准不再兼管地方行政工作，改由徐桴接任其职。

春，下蓬区成立农民协会。

春夏间，澄海县妇女协会成立，主任黄嬷妼，会员 300 多人。

4 月 5 日，汕头市（郊）区举行声讨段祺瑞屠杀北京爱国群众以及日本军舰炮轰大沽港的罪行，并在市（郊）区发起组织汕头国民反对各国侵略中国大同盟。

5 月 1 日，汕头第一次工人代表大会在市区召开，出席代表

204 人，会议宣布正式成立汕头总工会，并选出杨石魂、陈振韬等 9 人为执行委员。

5 月，彭湃、吴焕珠到蓬洲召开市郊农民大会，号召农民起来斗争，实行二五减租，取消厘税等。

是月，澄海的下蓬、鳄浦、鮀江 3 个区域被划为汕头市郊，成立郊区农民协会，张敏是郊区农民协会负责人之一。

11 月 10 日，中共澄海县特别支部改设为中共澄海县部委，书记林灿。上蓬区、下蓬区先后成立特别支部。全县有支部 20 多个，党员 170 多人。外砂南社乡青年王金满等由共产主义青年团员直接转为党员，成为澄海县第一批党员。

12 月 11 日，中共汕头地委派杨石魂赴揭阳指导工作。揭阳国民党右派头目周伯初等指使歹徒数十人围攻揭阳总工会，进而闯进杨石魂下榻的住所，将其绑架拘禁。后在党组织和群众的营救下脱险回汕。

12 月 13 日，汕头市（郊）区新文化总同盟成立。与此同时，市（郊）区各中小学相应成立新文化运动同志会，提出与一切阻碍革命运动之旧文化开展斗争。

1927 年

1 月 1 日，外砂、新溪、下蓬和官埭乡的部分民众参加澄海县在澄城召开的各界民众庆祝北伐胜利大会。

1 月 4 日，上蓬区、下蓬区农协选派优秀农民自卫军战士参加澄海县农民自卫军模范队，全队 200 多人枪。

1 月 9 日，国民党澄海县第三次代表大会召开，彭湃（时任中共汕头地委常委，分管农委工作）以国民党潮梅特别委员会代表身份到会讲话。县党部主席王鼎新作政治报告。时，澄海全县九成以上乡村有农会组织，农会主持乡政。

1月，澄海县农民协会筹备处于澄城鹦歌埔召开庆祝二五减租胜利大会。翌日，于凤山小学召开澄海县农民协会第一次代表大会，代表共300人，成立澄海县农民协会。

2月23日，广东惠潮梅等17县农民代表大会及劳动童子团代表大会在汕头市区召开，出席大会代表381人。罗绮园在大会上作《广东省农民运动报告》，彭湃作《潮梅海陆丰办事处会务报告》。

春，汕头国共关系逐步趋于恶化。国民党广东省党部改组后，派方乃斌来汕头接管《岭东民国日报》，原社长李春涛（国民党市党部执委，左派）被迫离职。中共汕头地委派梁公甫（梁若尘）创办《岭东日日新闻》，作为地委联系地方党组织的喉舌机构，丁愿任主编。至4月15日清晨，《岭东日日新闻》被捣毁封闭。

4月10日，澄海县农会遭袭，农军教练彭丕、委员吴杰生等20多人被逮捕。

4月12日，国民党驻汕潮梅警备司令何辑五及其所部配合、策应蒋介石的反革命政变，收缴罢工委员会纠察队枪支，搜查各工会、农会，逮捕共产党员廖伯鸿等工会重要人员80余人。

是日，汕头地委及潮安县委一部分领导人在官埭纪交通站武装人员的护送下安全撤至桑浦山。

4月15日，中共澄海县部委奉命领导全县举行武装暴动，参加暴动的共产党员、共青团员、农军、农会会员共数千人。

5月中下旬，潮梅警备司令部先后派出3个营9个连的兵力到澄海县附城及各区镇压暴动队伍。17日，暴动队伍被迫退入潮澄饶边界青岚山。上蓬区、下蓬区所属农会会址和农会干部住房均被焚毁，农民已得的减租租额被追回，农会干部被迫逃离家乡。

8月上旬，中共广东省委秘书长赖先声根据中央和省委命令，赴汕头组建汕头革命委员会并担任委员长,黄居仁、陈国威等为委员。该会具体负责组织和领导汕头市(郊)区工农暴动。

8月中旬,市郊农运特派员吴焕珠在市委领导下,以市郊农会领导为骨干,以农民自卫军为主体,组织了工农革命军300多人,由吴焕珠、许怀仁带领,准备接应南昌起义军。

8月中旬,南昌起义军贺龙、叶挺部向潮汕进发。24日,先头部队进入汕头市区并设总部于大埔会馆(今市区民权路),成立汕头市革命委员会,以赖先声为市政委员长,郭沫若为交涉使,徐光英为公安局代局长,并接收《岭东民国日报》(后改名为《革命时报》)。

8月25日,起义军在周恩来的领导下,在汕头市(郊)区宣言实行"联俄、联共、扶助农工"三大政策,封闭国民党的各种机关及其操纵下之农会、工会。

8月26日,中共中央南方局在汕头市区召开第一次会议,决定任张太雷为书记,李立三等为委员,罗绮园为秘书。

9月23日,南昌起义军从大埔三河坝进军潮州城,翌日直下汕头,建立历时7天的红色政权,写下了"潮汕七日红"的灿烂史页。

9月24日,彭湃随南昌起义的贺龙、叶挺大军进入汕头。中共澄海县部委组织工农革命军和各区农军进攻澄城。下蓬、鳄浦等区农民和汕头市工人武装被编为广东工农革命军东路第一独立团。

9月26日,工农革命军第二次攻占澄城,并于城中改编为广东工农革命军东路第四独立团。

9月28日,工农革命军第三次进占澄城,成立澄海县革命政府,县长邹克英。史称"澄海三日红"。

9月30日,贺、叶大军离汕,第四独立团主动撤出澄城到莲花山区。

11 月，外砂、新溪、下蓬等乡党组织派代表参加中共澄海县第一次代表大会。会上，正式成立中共澄海县委员会。县委机关设于后沟乡，创办党报《红旗》。

1928 年

1 月，澄饶澳保安队吴少荃部与各大乡民团、自卫团对上蓬区、下蓬区等赤色乡村进行近 1 个月的"清乡"洗劫，共抓了100 多人。一批共产党员和进步群众被逼流亡海外。

2 月 9 日，中共潮梅特委在汕头市区召开各县（市）党团书记联席会议，研究武装暴动问题。因交通员叛变，分布在市（郊）区党的机关有 7 处被破坏，潮梅特委书记蓝裕业、汕头市委书记陈国威和各县、市负责人陈振韬、方临川等 28 人被国民党逮捕杀害。省委巡视员叶浩秀与敌人搏斗后负重伤，牺牲于汕头狱中。

2 月 19 日，中共广东省委派沈青为中共潮梅特委书记。23日，潮梅特委召开紧急会议，讨论恢复汕头市委组织，选出邓凤翱为市委书记。

2 月 27 日，国民党军队第十一军二十六师师长颜德基抵达汕头市区，与市长欧阳驹协商"剿共"事项；次日颜指挥中山舰运载守备军一团抵达汕头海岸后，即前往前线"剿共"。

6 月，中共汕头市委机关遭破坏，市委委员吴文兰、周勤汉等人被捕牺牲。党组织受到严重影响。

7 月 2 日，驻樟林军警 40 多人和地方武装几百人包围西浦村，吴杰生、邹克英等 4 人遭逮捕。8 月 14 日，吴、邹等在汕头市郊区英勇就义。

10 月 2 日，中共澄海县委书记张权泽等 4 人在澄城岭亭遭县侦缉队逮捕，4 日牺牲。

11 月，中共广东省委派赖谷良、郭逸、谢南石等人来汕头重建市委，郭良为书记。

1929 年

1 月，国民党澄海县党部成立，陈特向等 5 人为执行委员会委员，刘鹏飞等 3 人为监察委员会委员。

1930 年

1 月，下蓬区一些受新文化运动影响的知识青年蔡健夫（蔡科泰）、袁琼（袁似瑶）、余洪声（余永瑞）、林祖荫（林之原）、黄继深（黄润泽）等人创办密林文艺研究社，社刊为《密林》。该社宗旨为团结爱好新文化的进步青年，研究新兴文化，传播新思想等。

春，方方调任汕头市委书记。

9 月，潮澄澳县工委管辖韩江及铁路线等支部和原澄海县委莲花山周围及沿海等支部，并在郊区的长桥、马西等村设立交通联络站。

秋冬期间，由周恩来亲自指导建立了由上海—香港—汕头—经龙湖地—澄海—大埔—青溪—永定进入中央苏区的红色交通线。至 1934 年 10 月红军长征前，经这条红色交通线进入中央苏区有200 多人。这里面包括刘少奇、周恩来、叶剑英、邓小平、陈云、邓颖超、博古、任弼时、李德、伍修权等中央及党的领导人。

1931 年

1—2 月，因中央决定增派领导干部到江西、福建加强苏区工作，同时向苏区运送急需物资。中共中央决定在原有交通站继续使用的同时，派顾玉良、陈彭年、罗贵昆等到汕头建立备用交通站，并开了1家华富电料公司作为掩护。

5月，潮澄澳县工委改称为潮澄澳县委，并建立樟东、庵埠2个区委。庵埠区委管辖下蓬、鳄浦及潮安沿铁路县境所属5个支部（潮汕铁路党支部、小长桥党支部、岐山党支部、马西党支部、潮属的桥边党支部）。区委隶属潮澄澳县委领导。

10月，自九一八事变后，日本帝国主义大规模侵略中国东三省，汕头市（郊）区成立抗日救国会，实行与日本经济绝交。

12月，东江特委派纪岳贞到下蓬区官埭尾村（今龙湖区龙祥街道如龙居委）从事革命活动。次年又派林大光、郭树等五位同志到官埭尾村开展革命工作，他们以教书为掩护，在夜间进行革命宣传活动，组织了1支400多人的队伍，打土豪、分田地，同反动势力展开英勇的斗争。

1932 年

6月，东江特委审时度势，派彭杨军校毕业的阿进生等10名军事骨干开赴潮澄澳，组建红军游击队，开展游击活动，先后镇压官埭尾、陈厝合的土劣纪德丰、纪文川和侦探和尚婆等，共缴枪10多支，没收一批浮财分与贫苦百姓。

8月1日，中共潮澄澳县委宣传部部长陈府州等人到汕头组建文化委员会，对市（郊）区人民进行抗日宣传，并出版《吼喘》《动荡》《汕头文化》等刊物，开展抗日救亡宣传活动。

是年，著名电影演员、导演石联星（电影《赵一曼》中赵一曼的扮演者）经过上海—汕头（途经龙湖）—澄海（盐灶）—大埔—上杭—汀洲—瑞金这条红色地下交通线，将上海工人郑重委托她携带的两木箱红旗，亲手送达中央苏区。中华人民共和国成立后石联星为第五、六届全国政协委员，1984年在京逝世。

1933 年

3 月 15 日，下蓬区委在鸥汀、浮陇、渔洲、陇尾等地配合红军和游击队积极锄奸肃特，歼灭小股反动武装。5 月中旬，袭击下蓬岐山乡公所，击毙乡后备队队长许玉梨，镇压岐山乡马西里侵吞公款、鱼肉乡民的土劣林海洋、林阿松、林双照等人，缴获几枝枪和一批物资。

春，从庵埠区委划出潮汕铁路党总支，归潮澄澳县委直接领导，党总支书记张炳琴。同年夏，再从庵埠区委划出下蓬区委，归潮澄澳县委领导，区委书记纪岳畴，委员纪喜龙、纪经如，管辖马西、岐山、夏桂埔 3 个党支部。

春，红三连挑选出 20 多名短枪队员，成立潮澄县特务大队，队长刘金盛，政委林乌。是年，潮澄澳县委从樟东区迁到庵埠区，下辖下蓬等 10 个区委。

5 月，共产党员纪奕松（下蓬陇尾乡养正小学教师）因"有共党嫌疑"而被捕，后逃脱。敌人在他宿舍查到一批"红五月"宣传品和密林文艺研究社刻字钢板及来往书信，致密林文艺研究社社员袁琼、蔡健夫、林祖荫、郭心影等先后被捕，其他成员被通缉，当地党组织被迫停止活动。

6—8 月，澄、潮、揭 3 县国民党驻防军和警卫队 3 次组织"围剿"桑浦山红军和郊区游击队。

8 月 25 日夜，潮澄澳县委和下蓬区委组织党团员、游击队员在从汕头火车站至月浦站，沿线每一里许插一面红旗，同时，贴布告、散传单，宣告红军和游击队进入铁路线。铁路公司立即派出代表找共产党谈判、补交筹款数额。潮澄澳县委通过筹款不仅解决本地区的给养，而且还上缴东江特委，火车恢复营运。

秋，中共汕头地下党组织在鸥汀举办为期 10 天的党员干部培训班。

11 月 11 日，下蓬区游击队破坏汕樟轻便铁路浮陇站木桥。

11 月 24 日，下蓬区反动军警召开各乡治安会议，成立下蓬区冬防治安委员会，策划破坏当地党组织，并悬红通缉地下党负责人纪岳畴、纪经如等人。

1934 年

2 月 27 日，下蓬区游击队没收充公村土劣浮财，缴获后备队短枪 2 支，长枪 7 支。

3 月上旬，下蓬区游击队员黄弟被捕后叛变，带驻军 1 个连"围剿"官埠尾村。游击队员纪浩盛、纪乖客、纪忠郁、纪猪头和交通员纪浩强等 5 人被捕牺牲。

4 月 20 日，红军游击队在官埠尾卢厝池被伪军李驯营 2 个连包围，树上瞭望哨兵先被击中牺牲，游击队仓促突围，仅郭才等 10 多人脱险，其余均牺牲。

7 月，东江特委发出夏收斗争指示，布置武装游击战、抗租抗捐，扩大游击队和游击区。张敏在澄海斗门召集下蓬等区领导人参加会议，部署对敌斗争工作。

8 月 26 日，下蓬区委纪经其、纪喜龙等被叛徒纪阿妹出卖，惨遭杀害，下蓬区委因遭严重破坏而被迫停止活动。

秋，下蓬游击队枪毙中岐乡鸦片馆馆主阿岳，烧毁 3 间鸦片馆。

10 月，中共潮澄澳县委改为中共潮澄饶县委，书记陈信胜，后为张敏。

是年，国民党澄海当局实行法西斯统治，军警加紧镇压共产党人和群众，据不完全统计，全县遭逮捕 290 多人，遭杀害 60 多人。

1935 年

1 月，根据东江特委决定，从中共潮澄饶县委辖区划出桑浦山周围各区，成立中共潮澄揭县委，归东江特委领导。县委下辖下蓬、庵埠、上莆区委及潮汕铁路党总支等。

6—8 月，国民党第三军第九师邓龙光部大举"围剿"下蓬、苏南、隆都、在城等地赤色乡村。

是年，李碧山、陈光、曾应之、张问强等与汕头市属各区及邻近县的一批学生、社会青年共同组织读书会，开展新文学和抗日救亡等活动。

1936 年

2 月，中共潮澄揭县委遭受破坏，县委书记和多数县委委员被杀害。县委停止活动。

10 月下旬，驻香港的中共南方临时工作委员会派李平到潮汕开展抗日救亡运动，恢复党组织，在汕头秘密成立了华南人民抗日救国义勇军潮汕大队部，大队长曾应之，指导员李平。

1937 年

3 月，成立中共汕头市工作委员会，李平任书记。

6 月 21 日，汕头市区高中毕业班学生集中会考，国民党军警突然包围考场，逮捕市区学生自治会主席郑尧临以及进步学生苏开宏、曾定石、林川、李国汀等 10 多人。这是汕头历史上有名的"考场事件"。

7 月 7 日，日本发动全面侵华战争。汕头市（郊）区各救亡团体和群众纷纷游行示威，要求加入抗日行动。韩江工委和汕头市委派曾应之、陈光等以救国会名义要求驻潮汕的国民革命军第四军一五五师师长李汉魂、汕头市长何彤等支持群众的抗日救亡活动。

8月8日，汕头青年救亡同志会（以下简称"汕青救会"）在市区国民党党部礼堂召开成立大会。国民党市党部派代表出席，并承认汕青救会的合法地位。

9月18日，鸥汀等地组成青抗会组织。成员由原来以教师、学生等知识青年为主体，逐步扩大至工人、农民、店员等爱国群众。

是日，在澄海县城成立青年救亡同志会（1938年1月后改成澄海县青年抗敌同志会）。

9月中旬，汕青救会在汕头市区召开第二次会员大会，决定组织"汕青救会赴国民革命军第四军一五五师随军工作队"。9月23日，随军工作队赴潮安集训后，分赴各县巡回宣传。11月组成一五五师随军工作队，赴华东地区开展工作。12月完成任务返汕。

9月，中共闽粤赣边省委组织部长兼闽西南军政委员会政治部主任方方，从延安飞香港抵达汕头，在市区听取中共汕头市工委书记李平关于潮汕党组织和救亡运动等情况汇报。

1938 年

1月12—25日，汕头市（郊）及潮属各县青救会数百人集中汕头市区开会，成立岭东青年救亡同志会，被国民党当局干预阻挠。汕头青年救亡同志会遂将"救亡"二字改为"抗敌"。经交涉，国民党政府同意成立岭东各地青年抗敌通讯处，并成为合法机构，指导、交流汕头青年抗日救亡工作。

年初，潮汕铁路董事会董事长张福英为限制工人参加抗日活动，借口铁路亏损，对参加抗日活动的职工进行裁员。中共潮汕铁路组织领导工人经过一年的斗争，让原先开除的工人终得以复职。

2月1日，王亚夫等在汕头市区组织潮汕战时文化协会，出版《战时文化》刊物，号召市（郊）区人民坚持抗日。

3月，中共汕头市工委改为汕头市委员会，书记张克。

是月，中共澄海县委根据形势和组织的发展，把澄海、附城五乡、外砂上中区和潮安的江东等地的党组织组建为中共澄海一区委，陈维勤兼任书记。

6月16日，为阻止日军入汕，国民党组织拆除汕头通往潮州的潮汕铁路。10月，又拆除汕头通往澄海的汕樟轻便铁路。

7月中旬，汕青抗会"三线四点"工作队回汕后，在原有基础上吸收部分青抗会会员参加，第二次组成"汕青抗会一五七师随军工作队"，分若干小队，分赴蓬洲等地，工作约20天后回汕解散。7月下旬，又组织一五七师战地服务团，全团约100人，在汕头市（郊）鸥汀以及丰顺军训后，于8月中旬分到汕头、澄海等4个分队，驻各地开展工作。

9月18日，汕青抗会发动"募集寒衣1万件和每人捐献国债1元"的活动，以支援抗战。市（郊）区爱国青年纷纷响应，声势浩大。

9月下旬，中共闽粤赣边省委书记方方来汕巡视、部署工作，在岐山召开潮汕中心县（市）委扩大会议，指示汕头市（郊）和各县青抗会迅速建立一批武工队赴各地工作。

秋，澄海县青抗会在澄城召开第一次会员代表大会，会上决定把澄海三区的鸥汀、金砂及四区的青抗会与党组织，划归汕头市领导。

11月，中共潮汕中心县委借市区正始小学举办游击战术干部培训班，参加的有潮汕各地青抗会领导骨干40余人。12月2日又在市区炽昌里开办党员培训班，为市区、郊区及邻近各县抗日运动培训党员和干部。

12月19日，潮汕中心县委召集各地青抗会负责人，在汕头市区至平路中煌戏院举行会议，布置"向当地地主绅商借枪"，以建立抗日武装，同时发动募捐寒衣、购买爱国公债及开展献金运动等工作。

1939 年

6月5日，中共潮汕中心县委在市区召开党员干部大会，针对当时紧张局势，要求做好日本进攻前的一切准备，并以青抗会少工队为基础，成立汕青抗会流动剧团。

6月21日（五月初五，端午节）清晨，日本第二十三军十九混成旅团长兼粤东派遣军司令后藤，率领6个大队3000多人，舰艇30余艘，飞机20多架，海、陆、空同时出动，大举侵犯汕头。是日凌晨，一路日军从新津河口外充公到周厝塭一带登陆，当时，驻军同日军激战1个多小时，因敌我力量悬殊而撤退。日军进而向外充公、珠池等地进犯，驻军国民党保安团第五团第三营奋起迎击，营长李平在激战中阵亡。日军分三路进攻汕头市：一路乘军舰在新港登陆后，经鸥汀、月浦（今属金平区街道）包围庵埠（今潮安县治）；一路乘汽艇从新港溯韩江新津河袭庵埠；一路由四基围进占洋边、浮陇、东墩、金砂（今金平区属地）等处，翌日占领汕头市区，汕头沦陷。

7月7日，为反击日伪的残暴统治，中共潮汕中心县委领导下的潮汕第一支抗日武装队伍汕青抗武装大队在桑浦山成立，并于是月下旬按照闽西南边省委指示精神，"为取得抗日武装队伍的合法地位和解决给养问题，在保证共产党的领导和队伍的独立性以及不调出潮汕等原则下，可以利用国民党的番号，在它的指挥下作战"。后经国共双方谈判，汕青抗武装大队改名为"中国国民革命军陆军独立第九旅游击队"。

10 月，活动在汕头市（郊）的汕头青年抗日游击队一部主动袭击潮安云步日军据点，活捉日军工兵班长加藤始助。

冬，日寇接管《星华日报》，更名为《粤东报》。后又出版日文版《汕头时报》，强行向市（郊）及各县派送。

1940 年

1 月中旬，活动在汕头市（郊）区的汕头青年抗日游击队一部夜袭阁州（今潮安县浮洋镇），俘虏警团士兵 3 人，缴获长短枪 19 支及其他物资一批。

2 月 26 日，独九旅旅长、潮汕守备司令华振中协助地方团队反攻澄城，日伪部队败退至外砂河以南，澄城遂告光复。

2 月 27—28 日，日军集中精锐兵力越过外砂河，进犯澄城。南桥守军自卫团第三中队与敌血战，5 次击退敌人进攻。衙前桥、城东、城北守军也加入战斗。至 29 日黄昏，自卫团因寡不敌众撤退至莲花山脉，澄城再次陷入敌手。

2 月，潮澄饶中心县委机关迁到隆都南溪，直接领导各区委。同时，撤销澄海中心区委，成立澄海二区委，重建汕庵区委，书记周礼平。

1941 年

9 月，中共潮澄敌后县委成立，书记周礼平，统一指挥和领导各地党组织的敌后武装斗争。

1942 年

4 月，因叛徒出卖，中共汕头市委书记蔡自强（耿达）等 10

多人被捕，除经营救、保释成功的郑英杰等人外，蔡自强与其妻马雪卿等均被日军杀害于郊区一带。

9月，中共汕头市组织鉴于中共南方工作委员会机关6月份被特务机关破坏的情况，执行中共中央南方局关于"隐蔽精干、长期埋伏、积蓄力量、以待时机"的斗争方针，暂时停止活动。

1943 年

6月9日晚，同盟国飞机2架轰炸汕头市区日军崎碌汽油仓库。9月2日，同盟国飞机再炸汕头海面，炸沉日军白银号兵舰。

11月，汪伪政府在各乡设"沙田清佃处"，为日军征粮筹饷。

1944 年

7月26日，中美混合机队在汕头海面炸沉日军运输艇。31日清晨又炸毁其军械厂。

7月，黄埔军校第17期毕业生、授中尉衔排长职的下蓬区官埭头村人纪汉卿，在衡阳保卫战中英勇殉职。抗战胜利后，被国民政府授予"抗日烈士"的光荣称号，并追赠"少校军衔"。

8月8日，同盟国飞机袭击汕头机场，炸毁日机4架，并炸毁日军在招商路的兵工厂。

10月，重新成立中共潮澄饶（包括汕头）县委，周礼平任县委书记，部署恢复组织活动，建立公开武装。

11月12日，中共潮澄饶敌后武装小组奉命赴揭阳榕城镇处决叛徒、原中共南委秘书长姚铎。组长陈应锐在战斗中为掩护战友英勇牺牲。

1945 年

1月7日，同盟国飞机在汕头海面炸沉、炸伤日军兵舰各一艘，并在汕头机场炸毁日机 3 架。

6 月，成立中共潮汕铁路特区工作委员会，书记许士杰，陈义之负责组织工作，许奕庭负责宣传工作，新津河以西的党组织隶属特区工委领导。

8 月上旬，中共潮澄饶敌后武装小组于大衙乡堤上处决日伪澄海县密侦队队长方顺等 2 人。

8 月 15 日，日本宣布无条件投降，日军设在汕头市区的司令部将各地日伪军集结，听候命令。

8 月 17 日，集结于揭阳居西溜的广东人民抗日游击队韩江纵队第一支队，突遭国民党第一八六师第五五七团等部军警 600 余人包围，支队政委周礼平等 11 人在反击战中牺牲。

9 月 15 日，澄海及周边的日本军队缴械投降，被安置在外砂等地集中营，听候整编。

9 月 28 日，国民革命军十二集团军中将副总司令徐景唐在汕头市区主持接受日军投降仪式。日军二十三军团军团长田中久一中将委托其代表富田直亮少将在投降书上签字。

9 月，徐景唐、欧阳驹、谭葆寿等国民党汕头军政主要官员率部先后返汕，恢复对汕头市（郊）区的行政管理职能。

是月，汕头市区及所属辖区、局原有官员纷纷返汕接收日伪机关，并废止行使伪储备券，取消伪政府设立的各项苛捐杂税。

11 月上旬，汪伪汕头市长许少荣在汕头市区被捕，许在日伪统治期间对汕头人民犯下滔天罪行。

11 月 20 日，第七战区司令长官余汉谋、闽粤边区总司令香翰屏抵汕，商定调投降的日军佐濑部修筑市（郊）区公路，并派日军扫雷队清除海（水）域的水雷。

12 月 10 日，南中国美海军舰队受委托派扫雷艇 5 艘由上海达汕协助扫除妈屿口战时所布水雷。

12 月，中共饶澄工委成立。龙湖党组织受其领导。

1946 年

1 月，汕头市成立肃奸会，公布"检举汉奸办法"6 项，至 4 月 27 日止，共受理市（郊）区此类案件 132 宗。同时，国民党汕头市政府接收、管理战时沦陷区的各种敌伪资产和设备。

2 月，汕头在市（郊）区遣返日俘、日侨。15—26 日，先后遣返回国的日俘 4261 人、日侨 708 人。其中，对罪行昭著的日本宪兵队长松本平司、曹长吉川、军曹黑木正司等人予以扣留惩办。

3 月，抗战时期被迫到南洋群岛当苦役的潮籍同胞幸存者 200 余人，于 3 月 5 日由厦门入境，至 6 日入汕后返回原籍。

11 月 26 日，潮汕铁路、汕樟公路汽车司乘人员罢工，要求提高工资待遇。

是年，国民党汕头市政府盖建汕头救济院，以缓解各地难民的生活之急。地方同乡会、财务委员会、渔会、修志委员会、地方自治会相继成立，处理日伪投降后汕头市区的各项善后问题和重建工作。

1947 年

1 月，中共汕头市工委被国民党中统局潮汕办事处破坏，市工委书记池耀华等 6 人被捕。

1948 年

2 月 20 日，国民党汕头市政府以"防奸"为名，一连三夜进行市（郊）区户口总清查，出动警察 800 余人搜查共产党人；5 月 5—10 日又在市区进行一次为期 5 天的户口大复查。

2 月，国民党政府成立汕头市"戡敌建设委员会"。同时，向全市各区各界市民、乡民摊派所谓"业主捐献绥靖费"200亿元（国币），作为镇压共产党之用，受到全市工农商学各界的反对和抵制。

12月2日，汕头市区将行政区域分为东、南、西、北等6个警备区，广东省保安副司令张炎元在汕头召开警政会议，强调提高"剿匪"意识，加强户口搜查。

1949 年

1月1日，中国人民解放军闽粤赣边区纵队成立，司令员刘永生，政委魏金水。潮汕部队为第二支队，司令员刘向东，政委曾广。韩江部队为第四支队，司令员许杰，政委黄维礼。至2月，中共闽粤赣边区党委又决定成立中国人民解放军闽粤赣边纵队第四支队第十三团，归韩江地委领导。这些重大的军事部署和调整，为潮汕尤其是汕头市的解放从组织和武装力量上做了充分的准备。

3月，潮澄饶平原县委决定袭击国民党鸥汀警察所，先争取了鸥汀税务所的职员作内线，对警察所作详细调查。县委副书记余锡渠和平原突击队、澄南武工队一起根据情报研究确定了行动方案。3月19日晚，由余锡渠带领突击队、澄南武工队部分人员从大衙出发，从警察所驻地证果寺后面搭人梯攀登进入开门。10多名突击队、武工队员摸进警察所房间，10多名警察在梦中被俘。这次突袭共缴步枪16支，队伍同时开仓济贫。

4月10日，驻澄海的国民党保安十六团三营刘德仁等4位正副连长，乘其营长张凤耀到汕头开会之机，将反对起义的副营长枪毙，带领两连士兵200多人起义，并开进解放区接受改编。

4月16日晚，汕头警察训练所学警中队长卓积基，率领学警76人，携带轻机枪2挺、三八式步枪58支等举行起义，起义后经大衙村投奔凤凰山，部分人加入了人民武装的行列。

5月8日，澄海县立中学学生108人上潮州凤凰山根据地，参加中国人民解放军。

5月底，胡琏、方天（原江西省主席）等逃窜至汕头市郊区一带，并在市区成立"东江指挥部"和"潮汕警备司令部"及江西省流亡政府。

5月，余昌辉以中共潮汕地委城工部负责人身份，召开了党在汕头市区秘密活动的骨干会议，正式成立工作团和情报站。团站的主要任务是宣传、教育群众，发展党团组织，调查、搜集情报，输送干部和采购物资，迎接潮汕城乡的解放。

是月，澄海外砂金洲籍的原飞虎队队员郑文道，从上海驾驶运输机飞往香港途中，因思念家乡亲人，遂绕道盘旋于金洲上空，用石头系一封书信，说明身世及现在情况，然后，低飞投向村中旷埕，与乡亲们告别。

9月25日至10月20日，胡琏残部在潮汕各地抓壮丁补兵员，搞得人心惶惶。10月20日夜，胡琏带残部下海逃往金门。

10月1日，随着中华人民共和国在北京宣告成立，国民党政权在中国人民解放军摧枯拉朽的强大攻势下，走到了末日。

10月23日，广东省绥靖公署第一纵队司令陈汉英宣布起义。当日，《岭东民国日报》刊载陈及民国汕头市代市长王哲夫、澄海县长黄本英等8人签署的起义宣言。该纵队自编为潮汕义勇军，后被编为中国人民解放军潮汕军分区第五团。

10月24日，中国人民解放军闽粤赣边纵队第三、四支队各一部开进澄城，澄海全境解放。许士杰任澄海县委书记。

是日，汕头市解放。下午4时，中国人民解放军闽粤赣边纵队直属一团、五团、七团在人民群众的热烈欢迎声中进入汕头市。

附录四 革命烈士英名表

姓名	性别	出生年	出生地	入伍年份	牺牲时间	牺牲地点	牺牲前单位、职务
吴七弟	男	1897	鸥汀	1926	1926	汕头	地下工作者
余子由	男	1989	渔洲	1924	1927	新华里	战士
纪喜龙	男	1902	下蓬	1932	1934	下蓬	地下工作者
纪大头	男	1903	官埭	1930	1932	桑浦山	游击队员
纪经如	男	1903	官埭	1932	1933	潮安	地下工作者
纪乳心	男	1905	夏桂埔	1937	1937	福建	战士
纪经其	男	1910	下蓬	1932	1934	下蓬	事务长
陈毫科	男	不明	陈厝寨	1924	不明	不明	不明
李树忠	男	1922	鸥上	1940	1948	东江	大队长
蔡广宜	男	1922	下蓬	1947	1950	朝鲜	班长
辛南通	男	1923	辛厝寨	1949	1953.6	朝鲜	排长
李树明	男	1926	鸥上	1947	1949.7	程洋岗宅溪渡	区委书记
王山金	男	1926	东溪	1950	1952	朝鲜	外砂区政府
李石部	男	1929	鸥上	1949	1952	朝鲜	战士
蔡术尊	男	1931	蔡社	1950	1952	朝鲜	战士
蔡木芝	男	1931	下蓬	1950	1952.2	朝鲜	战士

姓名	性别	出生年	出生地	入伍年份	牺牲时间	牺牲地点	牺牲前单位、职务
吴木金	男	1937	陈厝合	1959	1960	揭阳	战士
李文举	男	1939	鸥上	1959	1960.3	福建	雷达兵
纪合祥	男	1950	官埭	1970	1975.8	湖北	班长
许名国	男	1951	鸥下	1970	1971.8	湖北	班长

　　《汕头市龙湖区革命老区发展史》是龙湖人民的奋斗史、创业史。

　　进入新时期以来，党和中央各级领导对老区的建设和老区人民的生活倍加关怀。传承红色基因，发扬革命传统，革命老区的发展离不开党和国家的关怀，离不开老区所在政府的扶持和引导，更离不开老区人民继续发扬艰苦创业、敢为人先的革命传统精神，为进一步加强老区工作，通过建立健全机制，在传承、弘扬老区精神，打造爱国主义载体，关注民生，为民办好事实事等系列思想指导下，龙湖区老区建设促进会于2005年9月应运而生。

　　龙湖区老区建设促进会自成立以来，积极发挥自身作用，注重传承，大力弘扬老区精神，多次开展宣传老区建设的各项活动，在帮助老区解决诸如行路难、饮水难、办公难等存在的实际困难的同时，还不忘为区域内的部分学校送去各类优秀的课外读物，引导学生树立正确的世界观、人生观和价值观，为构建和谐社会，实现伟大中国梦打下坚实的基础，体现老促会对下一代革命传统薪火传承的殷切期望。

　　《汕头市龙湖区革命老区发展史》的编写从某种意义出发，既是对老区革命发展历史的回望和总结，同时也是对老区精神的瞻仰和继承。我们希望通过这样一本书，让人们重温革命岁月，传承红色基因，树立理想信念，激发昂扬斗志，使龙湖的革命传统教育不断得以延伸和发扬。

　　本书的编纂工作自 2017 年秋季开始，经过各级各部门的通力协作和社会人士的大力配合下，终成初稿。由于这部书所涉及的资料历史久远，加之龙湖区建制前后曾发生多次变化，造成一些史料分散或遗失，所以在搜集过程中遇到了不少困难，有些资料甚至难以找到。但经过编委会成员的共同努力，困难基本得以克服。成稿后邀请市、区党史、文史、地方志及相关领导审核，编委会也多次召开专题研讨会，本着为革命老区、为后代认真负责的态度，数易其稿，力求使本书成为地方上今后的重要历史资料。

　　在本书的编修过程中，得到龙湖区委、区政府的高度重视，以及地方志专家学者的关心支持，特别感谢区宣传部、创文办等部门提供宝贵的照片，让本书更臻于完美。在此特向所有关心本书编修工作的单位和个人表示崇高的敬意和衷心的感谢！

　　由于水平有限，本书错漏之处在所难免，敬请行家和读者批评指正。

汕头市龙湖区革命老区发展史编委会

2019 年 10 月